Eugen Drewermann
Die Zehn Gebote

Eugen Drewermann

Die Zehn Gebote

Zwischen Weisung und Weisheit

Gespräche mit Richard Schneider

Patmos

Bibliografische Information der Deutschen Bibliothek

Die Deutsche Bibliothek verzeichnet diese Publikation
in der Deutschen Nationalbibliografie;
detaillierte bibliografische Daten sind im Internet
über http://dnb.ddb.de abrufbar.

© 2006 Patmos Verlag GmbH & Co. KG, Düsseldorf
Alle Rechte vorbehalten
Printed in Germany
ISBN 3-491-50110-5
www.patmos.de

Inhalt

Michelangelo, Mosesstatue

Vorwort

In der römischen Kirche *San Pietro in Vincoli* befindet sich das Grabmal des Papstes Julius II. Die liegende Figur des Papstes wird wie die gesamte Figurengruppe künstlerisch übertroffen durch die monumentale Sitzstatue des Moses, geschaffen nach 1515 von Michelangelo Buonarroti und um 1542 von ihm umgearbeitet. Nach einer apokryphen Anekdote hat dieser Moses »über Nacht« den Kopf ruckartig nach links gewendet. Die dem Haupt asymmetrisch aufgesetzten Hörner gehen auf einen Übersetzungsfehler zurück: Aus dem »strahlenden« Antlitz des Moses im hebräischen Bibeltext wurde in der lateinischen Vulgata eine *facies cornuta* – »ein gehörntes« Antlitz.

Die von Michelangelo gemeißelte Statue lässt erkennen, dass Moses mit dem rechten Unterarm die Gesetzestafeln an sich presst, um sie vor dem Heruntergleiten zu bewahren. Sigmund Freud sah in dieser verrutschten Geste eine Warnung des Künstlers an den Papst, sich nicht in unbeherrschtem Jähzorn zu verlieren. Doch gefährdet nicht auch der »eifernde« Gott, den Moses verkündet, sein eigenes Gesetzeswerk? Kann eine bloße Weisung Weisheit schaffen? Die beiden Tafeln, die Moses zu entgleiten drohen, enthalten den *Dekalog*, aus dem Griechischen wörtlich übersetzt: die »zehn Worte«. Überliefert sind die Zehn Gebote im Alten Testament, nämlich im Buch Exodus (dem 2. Buch Moses) und im Buch Deuteronomium (dem 5. Buch Moses). Die Fassung im Buch Exodus gilt als die ältere, und die Zahl Zehn steht symbolisch für etwas Heiliges und Vollkommenes, für eine Ganzheit, die sich durch Beachtung der Gebote erfüllen soll.

Nach der biblischen Erzählung ist der Dekalog im Zusammenhang mit dem Auszug der Isareliten aus Ägypten zu verstehen. Aber ob es einen solchen Auszug im 13. Jahrhundert v. Chr. wirklich gegeben hat, wissen wir nicht. Die Exodus-Gruppe wird angeführt von Moses, dessen Name ägyptischen Ursprungs ist. Die Wüste Sinai erreichen die Israeliten genau drei Monate nach ihrem Aufbruch. Nach dreitägiger Vorbereitung besteigt Moses, begleitet von furchterregenden Naturerscheinungen, den Berg Sinai, wo sich in einer Wolke Gott offenbart. Die Bibel berichtet, dass Moses vierzig Tage und vierzig Nächte auf dem Berg blieb, an deren Ende er die Gesetzestafeln aus Gottes Hand empfing.

Moses, der dem Volke Israels Gottes Gesetze und Vorschriften überbrachte, ist nicht der Autor der *Pentateuch*, der »fünf Bücher Moses«. Diese entstanden erst auf einem langen Weg mündlicher und schriftlicher Überlieferung aus den verschiedensten Quellen. Dem gläubigen Christen, zumal dem Katholiken, sind die Zehn Gebote zumeist nicht im Text der Bibel, sondern in der Katechismus-Fassung geläufig, wobei sechs der Gebote mehr oder weniger verkürzt sind. Die ersten drei Gebote beziehen sich vor allem auf das Verhältnis des Menschen zu Gott, die sieben weiteren auf sein Verhältnis zum Nächsten.

Zu Beginn der 10 Kapitel des vorliegenden Buches sind die Gebote jeweils im Wortlaut wiedergegeben, gemäß dem Bibeltext in der revidierten Fassung von 1984 nach der Übersetzung Martin Luthers. Dabei werden die Gebote 1 bis 8 nach dem Buch Exodus (2 Moses 20, 2-16) zitiert und die Gebote 9 bis 10 nach dem Buch Deuteronomium (5 Moses 5, 21). Aufgezeichnet wurden die Gespräche mit Eugen Drewermann im Oktober 2005 in Paderborn.

Richard Schneider

Einführung

Viele Menschen versprechen sich in unserer orientierungslos gewordenen Zeit von den Zehn Geboten Anweisungen zur Ordnung, Klarheit des Wertebewusstseins, Rückkehr zu moralischer Verbindlichkeit. Man hat den Altbundeskanzler Helmut Schmidt mal vor Jahren gefragt, was er der heranwachsenden Jugend empfehlen würde, und er hat geantwortet: »Die Zehn Gebote.« Und wissend, dass die wenigsten Jugendlichen sich heute noch um die verfasste Kirchenreligiosität kümmern: »Und wem das nicht langt, die Verordnung der Freien und Hansestadt Hamburg.« Viele Konservative möchten, dass die Kirchen das Defizit unserer Gesellschaft ausfüllen und metaphysisch eine Grundlage für das bürgerliche Zusammenleben bieten. Dann werden die Zehn Gebote zum Desiderat. Andere, die in der kirchlichen Erziehung die Gebote wirklich ernst nehmen und verinnerlichen mussten, werden sich zum Teil mit Schrecken und Unbehagen erinnern, dass ihr Leben zwangsvergewaltigt wurde durch den Gott am Sinai. Man muss sich das Szenario nur einmal so vorstellen, wie es im 2. Buch Moses (in Kapitel 20; und in 5 Moses 5, 1-22) geschildert wird: Ganz Israel steht am Fuße des Berges, aber es darf sich Gott nicht nähern, es ist ein Distanz-Abstand von Furcht, Respekt und Todesgefahr zu wahren. Nur die Auserwählten, Moses an der Spitze, gehen hinauf zur Gottheit, die sich niedergelassen hat im Wolkendräuen. Unter Blitz und Donner verkündet Gott mit Macht seine Gebote, – eine beeindruckende, aber religionspsychologisch höchst ambivalente und fragwürdige Vorstellung von Gott. Alles, was im Zusammenhang mit den Geboten im Folgenden zu sagen ist, muss der Besänftigung der Seele dienen. Die Kirche hat überhaupt nicht die Pflicht, die bürgerliche Gesellschaft zu ordnen. Sie hat etwas viel Wichtigeres zu tun: Gott in der Seele der Menschen zum Sprechen zu bringen. Ehe wir verbindlich und sinnvoll von den Zehn Geboten reden können, braucht es mindestens die folgenden vier Vorbemerkungen.

Das *erste* ist die Kritik an der Vorstellung, es sei möglich, von außen her Gesetze zu erlassen, damit Menschen in Übereinstimmung mit bestimmten Reglements im sozialen Zusammenleben für akzeptabel empfunden werden. Diese Vorstellung ist so simpel, dass sie bereits im Altertum bezweifelt wurde. Im 5. Jahrhundert v. Chr., im Alten China, überlegt der Weise Laotse, wieso man auf die Idee kommen kann, man brauche einen starken Staat, der seine Bürger an die Kette legt. Laotse findet in seinem berühmten Buch *Tao-te-king*, dass man Gebote eigentlich erst dann braucht, wenn die Menschen das *Tao* – den Weg, das Absolute, den Sinn im Leben – verloren haben. Menschen, die zwischen links und rechts nicht mehr zu unterscheiden wissen, flüchten in das Korsett einer äußeren Ordnung. Aber dann hören sie ständig: Du musst dies tun, du musst das tun. Die Reglements werden immer komplizierter; über das Gesetz findet niemand zu sich selbst. Darum sagt Laotse: »Wenn das Tao verloren geht, dann kommen die Lehrer der Moral und des Gesetzes.« Aber sie schaffen nicht Menschen, die gut wären und im Einklang mit sich. Sie schaffen im Grunde nur Kunstprodukte, die so aussehen, als wenn sie leben würden, aber jedes Leben von innen verloren haben.

Wir können dafür ein berühmtes Beispiel geben. Dostojewski schildert in seiner Geschichte »Der Traum eines lächerlichen Menschen« einmal, wie auf einem fernen Planeten eine einzige Lüge genügt, um das Vertrauen der Menschen im Umgang miteinander zu zerstören. Und plötzlich muss man den Einzelnen schützen vor seinem Nachbarn. Man braucht eine ständige Kontrollaufsicht, eine ständige Strafinstanz. Je mehr die Angst wächst, desto schärfer wird die Kontrolle – etwas, das im so genannten Anti-Terror-

Kampf, im monumentalen Kreuzzug gegen das Böse, in unseren Tagen wieder aufgeführt wird. Wir erleben, wie bedenklich es ist, Menschen ordnen zu wollen nur durch Gesetzesgewalt. – Hinzu kommt der philosophische Aspekt. Immanuel Kant hat vor über 200 Jahren in einer seiner berühmten Schriften, *Die Religion innerhalb der Grenzen der bloßen Vernunft,* den Gott am Sinai für eine Beleidigung der Vernunft des Menschen erklärt. Dieser Gott beglaubigt sich durch nichts weiter als durch das Gefälle der Macht, durch Gewalt und Androhung von Strafe. Er schafft sich verängstigte, kuschende Untertanen. Aber Herrschergewalt ist nicht die Beglaubigung der Moral. Die Frage ist: Wie findet ein Mensch da hin, dass er frei wird? Wie findet er als Grundlage aller Moralität die Autonomie? Kant wollte in der Aufklärungszeit, dass man von Gott nie anders spräche als von einer Stimme, die kraft der eigenen Vernunft im eigenen Herzen redet. Also braucht man keinen äußeren Gesetzgeber, sondern es genügt, nach innen zu hören, auf die Sprache der Vernunft.

Wir können einen kleinen Vergleich anstellen. Viele, die sich für das Zusammenleben von Tieren interessieren, wissen, dass sozial zusammenlebende Tiere keinen Gesetzgeber brauchen. Das Merkwürdige ist, dass eine Herde Gnus oder Antilopen, dass Zaunkönige, dass alle Tiere eine bestimmte Ordnung haben, die sie befolgen, ohne dass man ein Gesetzbuch für sie erlässt. Sie hören nach innen. Man traut den Tieren nicht zu, dass dies der Sprache der Vernunft gleich sei, aber man denkt, dass es einen »Instinkt« gibt, eine Stimme, die auch den Tieren sagt, wie sie sich verhalten müssen. Der Mensch stammt selber aus einer langen Reihe der Evolution. Und seine Vorstellungen von Moral gehen zurück auf Verhaltensweisen, die im Tierreich geübt wurden. Es sind selbstregulative Mechanismen, die die Natur selber zur Organisation sozialer Lebensformen geschaffen hat, um relativ komplexe Systeme in geordneter Weise ohne große Störanfälligkeit zu stabilisieren. Eine Regel, die instinktiv von jedem beachtet wird, ist zum Beispiel das Prinzip des Territorialismus oder der Revierverteidigung.

Leben ist nur möglich, wenn jedes Lebewesen einen bestimmten Raum zur Verfügung hat. Das ist eine Ordnung innerhalb der Raumbeziehung. »Wer zuerst kommt, mahlt zuerst«, heißt das im Volksmund. Wo jemand schon ist, kann nicht ein anderer hin – oder es gibt Ärger. Aber normalerweise kann man ausweichen und hat gar keinen Grund, den anderen zu gefährden. Wir hören abends mit großer Freude den Singvögeln zu, und es ist in unseren Ohren – ich vermute auch in den Ohren der Vögel selber – eine sehr schöne Verständigungssprache. »Hier sitze ich«, sagt der einzelne Vogel, »das ist der Ort, den ich heute Nacht benutze, um in Frieden zu schlafen. Das teile ich dir mit, damit wir uns beide in Ruhe lassen.« Wenn wir bedenken, wie viele Kriege nur geführt werden, um die Grenzen auf der Landkarte neu zu bestimmen, wissen wir, wie wichtig das Prinzip des Territorialismus auch im menschlichen Zusammenleben ist.

Ein zweites Prinzip des Zusammenlebens ist ähnlich wichtig und bedeutsam; es regelt das Verhalten bei der Weitergabe des Lebens, die Paarbeziehungen: welche Tiere männlichen und weiblichen Ursprungs gehören so zusammen, dass es eine relative Sicherheit gibt, unter oft schwierigen Bedingungen die Brut wirklich großzuziehen. An der Stelle kommt eine merkwürdige Verschränkung zustande zwischen einem »moralischen« oder »moralanalogen« Grundprinzip, dem des Territorialismus, und einer so wichtigen Form des Verhaltensreglements, wie wir es später im 6. Gebot wieder erleben werden: »Du sollst nicht ehebrechen.« Wie gehen Ehepaare miteinander um? Das vermittelnde Glied ist – sonderbarerweise – die Ökologie. Ich erwähne das vorweg, weil die Vorstellung, es gebe eine starre Ethik sozusagen unabhängig vom Leben, irrig ist. Zaunkönige beispielsweise verhalten sich unter ökologischen Bedingungen der Nahrungsknappheit fast monogam: ein Männchen und ein Weibchen, ein Nest und das Gelege. Bei reichem Nahrungsangebot hingegen leistet sich ein Zaunkönigmännchen den »Luxus«, mehrere Weibchen zu haben, die jeweils in ihrem Nest brüten. Das Leben kann sehr vielfältig sein und die Beziehungen der Geschlechter zueinander plötzlich ganz dramatisch ändern.

Die Regel, die aus dem Beispiel hervorgeht, könnte heißen: Interpretiere kein Moralgesetz anders, als dass es der Vielfältigkeit und der Maximierung von Leben dient! Die Moral dient von Ursprung an dem Leben, seiner Vielfalt, seiner Weitergabe und seiner größtmöglichen Entfaltung. Wie weit sind wir schon nach diesen wenigen Worten davon entfernt, uns einen Gott vorzustellen, der quer durch die Zeiten mit starrer Elle geboten hätte: »So ist es und so bleibt es!« In einem Leben, das sich ständig verändert, kann eine solche Vorstellung nur als gewaltsam wirken. Und so finden wir zu Laotse zurück, der gesagt hat, dass nur Menschen, die ihren Halt innerlich verloren haben, eines Systems der Ordnung von außen bedürfen. In Wirklichkeit ist das Gesetz des Hammurabi oder die Gesetzgebung der Alten Ägypter – Jahrhunderte vor dem Dekalog – nur der Versuch, unter komplexer gewordenen staatlichen Bedingungen in kodifiziertes Recht zu setzen, was im Inneren der Menschen irgendwie als evident empfunden wird. Von daher müssen wir sagen, dass alle Gesetze und Gebote nur den Zweck haben, das Zusammenleben aller zu verwalten und zu reglementieren, und zwar zunächst noch wie auf dem Niveau des Zusammenlebens der Tiere: ohne Subjektbezug. Die wichtige offene Frage lautet aber, wie denn das Leben des Einzelnen, des moralischen Individuums, zu ordnen sei.

Und damit sind wir bei dem *zweiten* wichtigen Punkt. Wir lesen die Zehn Gebote schon lange nicht mehr so, wie sie vor ungefähr 3 000 Jahren konzipiert, tradiert, interpretiert, kodifiziert wurden, sondern wir lesen sie als Angehörige einer eigenen, noch weitgehend christlich geprägten Kultur. Es genügt für das Judentum der Glaube, dass der Mensch frei sei und imstande, zwischen Gut und Böse zu unterscheiden und sich entsprechend zu verhalten, – mit einem Wort: dass die Übertretung bestimmter Gesetze – zum Beispiel der Zehn Gebote –, weil in Freiheit vollzogen, unter Strafe fällt. Auch im Abendland geht die philosophische Ethik von der

Willensfreiheit des Menschen aus. Dabei wird aber nicht problematisiert, wie denn ein Mensch zu einem Subjekt wird, das in Freiheit zum Guten fähig sein kann. Es ist ja nicht so, dass, wenn wir der Jugend die Zehn Gebote beibringen, wir am Ende gute Menschen hätten. Genau dieser Meinung der »moralischen Vereinfachung« ist das Christentum *nicht*. In gerade dieser Frage ist das Christentum gegenüber dem Judentum überhaupt erst zu einer eigenständigen Religion geworden. Das Christentum versteht sich gerade *nicht* als eine Gesetzesreligion, für die es genügen würde, die moralische Mahnrede zu intensivieren oder mit prophetischem Kalkül im Namen Gottes den Menschen zu drohen, damit sie sich am Ende den Geboten gemäß konform verhalten.

Der Mann aus Nazareth bereits hat erlebt, dass durch die Gesetzesauslegung der Rabbinen seinerzeit vielen Menschen Unrecht geschah. Jesus hatte Mitleid mit den Erniedrigten und Ausgegrenzten, und er fragte sich: Was eigentlich muss passiert sein, ehe ein Mensch etwas Böses tut? Der vermeintlich böse Wille hat in der Regel eine lange Vorgeschichte. Und so ist das Böse kein moralisches Problem mehr, sondern es übersetzt sich in die Psychologie und in die Anthropologie. Die Frage heißt dann im Sinne Jesu (oder Pauli): Wie *erlöst* man einen Menschen von dem Bösen? Das verändert die Perspektive total. Es ist das Ende der Gesetzesreligion. Die Zehn Gebote mögen immer noch als Parameter, als Maßstab dienen, um die Entfernung zwischen Sein und Sollen auszumachen. Aber wichtig ist, wo man einen Menschen antrifft. Eigentlich weiß jeder Mensch, was er tun sollte. Es war ein merkwürdiger Gedanke – noch der mittelalterlichen Philosophie sogar des Thomas von Aquin –, dass ein Mensch niemals das, was er tut, unter dem Aspekt des Bösen tut. Um etwas tun zu können, muss die Vorstellung herrschen, dass etwas Gutes geschieht. Wie ist es also möglich, dass etwas, das moralisch gesehen ganz und gar böse ist, einem Menschen dennoch als gut und richtig erscheint? Selbst Adolf Hitler wird gemeint haben, dem deutschen Volke am Ende etwas Gutes zu tun. Die schlimmsten Verbrechen werden begangen in dem Wahn, dass etwas Richtiges geschieht. Der Bombenabwurf auf Hiroshima war mit Sicherheit von Oberst Paul Tibbets ausgelöst worden in der Vorstellung, er tue etwas Richtiges, und es war ihm von höchster Seite ja auch befohlen worden.

Im Neuen Testament, in der Apostelgeschichte, wird die Geschichte von Paulus erzählt. Dieser, mit jüdischem Namen Saulus, ist ein Pharisäer, ein Mann, der sich im Gesetz seit Kindertagen auskennt und der es halten will. Hundert Gesetzeserfüllungen jeden Tag, sonst geht kein Pharisäer nachts zum Schlafen. Alles muss perfekt sein unter den Augen Gottes. Es gibt nicht nur die über 600 Gesetze, die sich um den Dekalog im Alten Testament ranken; es gibt inzwischen über 2 000 mündliche Gesetze, die man alle kennen soll, um nichts falsch zu machen. Aber: In der Treue zum Gesetz kann man zum Mörder werden, man läuft herum wie ein aufgeklapptes Rasiermesser. Saulus, um Gott zu dienen, rast vor Hass und Wut, »schnaubte mit Drohen und Morden gegen die Jünger des Herrn«, wie es in der Apostelgeschichte (9, 1) heißt. Und mit Hilfe von Proskriptionslisten will er Männer und Frauen förmlich ans Messer liefern, weil sie Anhänger des neuen Glaubens sind, alles im Namen des Gesetzes! Auf dem Wege nach Syrien, in der Nähe von Damaskus, bricht er dann zusammen. Die Frage, die er mitten in einem epileptischen Anfall hört, lautet: »Warum verfolgst du mich?« Der Mann, den er bekämpft, Jesus von Nazareth, fragt ihn so, und Saulus fragt, geblendet von dem Licht, das vom Himmel kommt: »Herr, wer bist du?« In Bezug auf Paulus würde man heute sagen: Seine Frömmigkeit war eine reine Zwangsneurose, eine Obsession. Sein Gott schuf nicht Freiheit, sondern permanente Abhängigkeit im Gefälle der Angst. Nun aber: Wenn es möglich ist, dass das ganze Gesetz destruktiv wirkt, selbstunterdrückend und vernichtend für das Zusammenleben der Menschen, dann zeigt sich die Begrenztheit des Gesetzes. Und die Frage lautet nicht: »Wie bringen wir die Menschen dahin, das Gesetz zu erfüllen?«, sondern: »Wie führen wir die Menschen zurück zu sich selber, damit sie fähig werden zum Guten?« Sagen wir es mit dem libanesischen Dichter Khalil Gibran: »Vielleicht ist ein Mensch, der stiehlt, doch nur ein Mensch, der Hunger hat. Vielleicht ist ein Mensch, der lügt, doch nur ein Mensch, der Angst hat.« Und ich möchte hinzufügen: Vielleicht ist ein Mensch, den wir einen Verbrecher nennen, nur jemand auf der Suche nach einer Liebe, die er nie erfahren hat. Statt Gesetz und Strafe miteinander zu verknüpfen und damit eine Angstmoral zu schaffen, warten wir auf die Frage, wie ein Mensch wirklich frei wird. Ein Mensch kann überhaupt nur gut sein, wenn er einer Güte begegnet, die ihn absolut meint.

Und so hätten wir nun die Verbindung zwischen dem ersten und dem zweiten Punkt: Nur von innen her formt sich das menschliche Leben. So wie die Blumen im Anfang des Frühlings sich ausstrecken zu den Strahlen der Sonne, so sehnen sich alle Lebewesen nach der *Liebe*. Wenn wir diese als Gott bezeichnen, haben wir den Inbegriff von allen Gesetzen. Es ist sehr wichtig, dass wir die Zehn Gebote in diesem Sinne interpretieren. Man kann ein Stück weit die Bibel selber dafür zum Kommentar nehmen. Im 5. Buch Moses (30, 11-14) heißt es: »Denn das Gebot, das ich dir heute gebiete, ist dir nicht zu hoch und nicht zu fern. Es ist nicht im Himmel, dass du sagen müsstest: Wer will für uns in den Himmel fahren und es uns holen, dass wir's hören und tun? Es ist auch nicht jenseits des Meeres, dass du sagen müsstest: Wer will für uns über das Meer fahren und es uns holen, dass wir's hören und tun? Denn es ist das Wort Gottes ganz nah bei dir, in deinem Munde und in deinem Herzen, dass du es tust.«

»Was in deinem Munde ist«, könnte heißen: Wovon du am allerliebsten sprichst. Was in dir selber etwas zu sagen hat, das drückt sich aus in deinem Herzen. Die Suche geht nach einem neuen Prinzip jenseits des Gottes vom Sinai mit den Gesetzestafeln. Und der Prophet Jeremia, der im 7./6. Jahrhundert v. Chr. lebte, denkt sich alles noch mal neu: Keine Tafeln aus Stein mehr, sondern ins Herz des Menschen selber schreibt Gott seine Gesetze. Das ist der *neue Bund,* den Gott mit den Menschen schließen wird, so wie es bei Jeremia im 31. Kapitel geschrieben steht. Es gibt eine schöne Stelle im 16. Kapitel des Matthäus-Evangeliums, wo Jesus seine Jünger fragt: »Was halten die Menschen von mir, vom Menschensohn?« Und eine Antwort der Jünger lautet: »Sie denken, du bist Jeremia oder einer der Propheten.« Mit einem Wort: Der Dekalog kann nur verstanden werden als ein inneres Gesetz des Herzens, oder er genügt nicht der Vision des Jeremia und der Wirklichkeit Jesu.

Und damit sind wir schon dabei, in unsere Betrachtungen einen *dritten* Punkt einzuführen. Wer von den Zehn Geboten hört, muss wissen, dass sie ihre Vorgeschichte haben und ihre eigene Geschichte besitzen. Es ist nicht möglich, wie im Fundamentalismus oder im Dogmatismus von Kirchen und von Sekten die Bibel aufzuschlagen und zu denken: Das ist Gottes Wort, so steht es hier, und wie es da steht, so wird es gemacht. Wenn wir schon im ersten Punkt die Frage erörtert haben, inwieweit Gesetze den Zweck haben, das Zusammenleben bestimmter Arten zu ordnen, müssen wir jetzt genauer sprechen. Ein und dieselbe Art kann ökologisch in einem bestimmten Biotop Tiere hervorbringen, die vielleicht des Nachts auf Nahrungssuche gehen oder am Tage, und ihre Lebensgewohnheiten beginnen sich zu differenzieren. So ist es bei Menschen auch. Man kann noch heute in den so genannten Stammeskulturen in Papua-Neuguinea oder in Australien bei den Aborigines feststellen, dass Volksgruppen, die dieselbe Sprache sprechen, sich dennoch voneinander unterscheiden. In seinem Buch *Die Biologie der Zehn Gebote,* 1971, hat der Verhaltensforscher Wolfgang Wickler mal erzählt, wie er in Papua-Neuguinea bestimmte Stämme besuchte, und jeder Stamm sagte ihm: »Die da neben uns, das sind ganz Furchtbare, da musst du gar nicht hingehen; schau mal, wir sind freundlich und angenehm.« Die Nachbargruppe erzählte ganz genauso, war auch freundlich und angenehm, aber beladen mit denselben Vorurteilen über die Gruppe, bei der er gerade gewesen war. Mit einem Wort: Alle Moral, weil sie den Zweck hat, das Zusammenleben einer Anzahl von Menschen zu ordnen, kann zusammenlaufen in der illusionären Vorstellung eines absoluten positiven Autostereotyps, eines Bildes, das die Gruppe von sich selber hat, als sei sie die einzig akzeptable, die einzig von Gott erwählte Gruppe, deren Moral auch für alle anderen verbindlich sei. Diese Einbildung kann zu dem Paradox führen, dass wir im Namen der Moral »gerechte Kriege« führen, dass wir zum Beispiel glauben sollen, die USA wollten sich nicht etwa die Erdölreserven am Kaspischen Meer sichern, sondern wir müssten nach Afghanistan gehen und den Frauen dort vorschreiben, wie sie sich zu kleiden haben. Fragen der Mode sind plötzlich ein Kriegsgrund. Man hätte das noch vor ein paar Jahren nicht geglaubt! Natürlich kleidet sich keine westliche Frau, wenn sie nach Indien geht, mit einem Sari, der vermutlich viel schöner aussieht als irgendwelche Jeans. Doch so wütet der Wahn: Wir haben in unserer Kultur das Richtige, und der Unterschied zu allen anderen ist identisch mit dem Unterschied zwischen Gut und Böse.

Man kann zeigen, dass die so genannten Zehn Gebote im Orient eine lange Geschichte haben. Wir finden zwischen dem 16. und 12. Jahrhundert im Alten Ägypten in den *Totenbüchern* die Vorstellung, dass ein verstorbener Pharao im Totengericht befragt wird von *Maat*, der Göttin der Wahrheit und der Weltordnung; der Pharao muss erklären, dass er nie habgierig war, dass er keinen übervorteilt hat, dass er niemanden durch Lüge ins Unrecht gesetzt hat. Das deckt sich in etwa mit den Gedanken auch des Dekalogs. Doch dann sieht man im Kulturvergleich, dass in den Zehn Geboten vieles gar nicht vorkommt. In der 5. Dynastie, um 2300 v. Chr., wird im ägyptischen Totengericht der Pharao befragt – so die Erzählung in der Pyramide des Unas –, ob gegen ihn, den Gottkönig, eine Anklage vorliege vonseiten einer Gans oder vonseiten eines Esels. Und man will sagen: Wehe dem Pharao, wenn von den Tieren zu Wasser, zu Lande und in der Luft auch nur ein einziges Lebewesen ihn verklagen kann für unnötig zugefügte Pein! Der Gedanke, dass die Tiere im Namen der Weltordnung zu Gericht sitzen könnten über den Menschen, ist uns völlig abhanden gekommen. Und die

Bibel nimmt in den Zehn Geboten keine Rücksicht auf die Tiere – bis auf eine Ausnahme: das Gebot der Sabbatruhe auch für Tiere. Viel wichtiger aber wäre der Schutz der Tiere vor den Menschen!

Genauer betrachtet, gab es zudem in der Bibel nie »das« Gesetz, sondern es gab bestimmte Traditionen, die dann weiter interpretiert wurden. Das zeigt sich in der Vorstellung, dass zwischen Gott und Mensch ein Bund geschlossen wurde – der eben erwähnte *neue Bund* des Propheten Jeremia geht darauf zurück –, der Bezug nimmt auf den alten Bund vom Berge Sinai. Ich will hier darauf hinweisen: Das Gesetz des Moses ist nicht von Moses erlassen. Es hat in sich selber eine jahrhundertealte Rechtsgeschichte im Alten Orient – von Hammurabi in Babylon über die Ägypter am Nil und die Hethiter in Kleinasien. Es ist ein Sammelsurium von Allgemeinheiten, etwas, auf das sich mehr oder minder in etwa alle Menschen einigen könnten.

Dann freilich – *vierter* und letzter Punkt – stehen wir vor der Frage, wie denn den Menschen, die nach Humanität und Gerechtigkeit dürsten, geholfen werden kann. Der irische Dichter George Bernard Shaw hat in den 20er Jahren des 20. Jahrhunderts einmal gemeint: »Die Religionen antworten auf den Durst der Menschen. Jeder, der Durst hat, muss trinken, und das meiste Wasser fließt in den großen Menschheitsströmen – im Hoangho, im Nil, im Euphrat –, aber niemand darf daraus trinken ohne Filteranlagen. Sonst trinkt er sich daran den Tod.« Die »Filteranlage«, die im Christentum wesentlich geworden ist, ist zweifellos die Person Jesu. Der Mann aus Nazareth verkörperte die Weigerung, ein Gebot zu glauben, das nicht von innen käme. Im 12. Kapitel des Markus-Evangeliums sagt Jesus sinngemäß: »Es gibt nur ein Einziges, was wirklich wichtig ist: Gott zu lieben von ganzem Herzen und deinen Nächsten wie dich selbst. Das ist das ganze Gesetz; alles Weitere ist entweder überflüssig oder bloßer Kommentar dazu.« Jesus wird im 10. Kapitel bei Lukas die Geschichte von einem Samariter erzählen, der den frommen Juden als Ungläubiger gilt. Er fügt sich nicht in den Tempelkult Israels im Süden. Ihm wohnt Gott auf dem Garizim und nicht auf dem Zion in Jerusalem. Und Jesus erzählt die Geschichte von einem Priester, der an einem Schwerverletzten am Wegesrand vorübergeht, damit er pünktlich und koscher in den Tempel kommt, damit er rituell richtig den Gottesdienst verrichtet. Statt einem Menschen in Not zu helfen, muss er seinem Opferdienst obliegen. Ein Samariter aber, den man dafür verachtet, dass er scheinbar gottlos ist, hat Augen im Kopf und ein Herz im Leibe. Jedenfalls schildert Jesus, dass dieser Mann sich um den Verletzten kümmert und ihm hilft. Der alle israelitischen Gebote des Gesetzes erfüllende Priester verfehlt Gott, der den Gott der judäischen Schriftgelehrten leugnende Samariter findet ihn in seiner Menschlichkeit: – das ist die neue Auslegung der Zehn Gebote, vor allem in der Bergpredigt.

Da, wo Gott am Sinai unter Blitz und Donner seine Gebote verkündet hat, steht Jesus auf einem Berg und redet – Matthäus schreibt im 4. Kapitel wörtlich: »zu allen, die arm dran sind«. Es geht in den beiden folgenden Kapiteln um die Therapie der Kranken, um die am Boden Liegenden, damit sie wieder aufgerichtet werden. Das will Jesus mit seinem Gott, und den verkündet er in der Bergpredigt. Alles wird da plötzlich innerlich. Freilich: Man kann auch die Weiterführung des Dekalogs in der Bergpredigt rein gesetzesmäßig interpretieren. »Man hat den Alten gesagt: Du sollst nicht töten. Ich aber sage euch: Wer seinem Bruder zürnt, der kommt in die Feuerhölle.« Wenn es so wortwörtlich als »Gesetz« genommen würde, wäre die Bergpredigt noch schlimmer als der Dekalog. Aber in Wirklichkeit möchte Jesus das Herz des Menschen beruhigen. Seine Frage lautet: Wie nimmt man einen Menschen an die Hand, so dass er beginnt zu atmen im Winde Gottes, zu lieben in der Gnade Gottes, zu leben unter den Händen Gottes? Wenn diese Aufgabe sich gelöst hat, werden die Gebote zu etwas Selbstverständlichem. Man merkt sie eigentlich gar nicht mehr, so wie ein gesunder Mensch atmet und nicht merkt, dass er eine Lunge hat. Erst bei Atembeschwerden, bei Asthmaanfällen, bei schwerer Erkältung merken wir, dass wir eine Lunge besitzen.

Kurz: Man braucht die Gesetze – so wie den Arzt mit seinen Maßnahmen und Verordnungen – eigentlich nur für die Kranken. Die Frage aber stellt sich: Wie heilt man denn die Kranken? Das geht nur, wenn man von innen wirkt. Und so hätten wir jetzt vier Voraussetzungen, einen Text zu lesen, und wir werden sehen, wenn wir Punkt für Punkt vorgehen – jedes der Zehn Gebote einzeln betrachten –, wie in solcher Interpretationsperspektive das ganze bürgerliche Zusammenleben sich im Sinne Jesu und der Menschlichkeit auf den Kopf stellen wird.

Eugen Drewermann

1 | Das erste Gebot

Ich bin der Herr, dein Gott, der ich dich aus Ägyptenland, aus der Knechtschaft, geführt habe.

Du sollst keine anderen Götter haben neben mir.

Herr Drewermann, was ist gemeint mit dem Gebot, keine anderen Götter neben dem einen Gott Jahwe zu haben?

In diesen wenigen Worten finden wir im Grunde das Herz der ganzen Bibel, den Kern der monotheistischen Religion: Sie bedeutet, geschichtlich betrachtet, eine Kulturschwelle. Alle Religionen außerhalb der Bibel glaubten bis dahin an Götter, an vielerlei Mächte, die in Konkurrenz zueinander das menschliche Herz zerreißen können. Es gab einen Gott der Liebe, es gab einen Gott des Krieges, es gab einen Gott der Wege und des Handels, es gab Götter für Haus und Herd – alles hatte eine eigene göttliche Kraft. Der olympische Himmel der Griechen und der Römer war bevölkert von allen möglichen Teilprojektionen menschlicher Sehnsüchte. In der Bibel hingegen wird die monotheistische Evidenz so klar ausgesprochen, wie sie geschichtlich allenfalls in der Reformbewegung des 14. Jahrhunderts v. Chr. im Alten Ägypten unter dem Pharao Echnaton versucht wurde. Der ägyptische Pharao wollte, dass der ganze Götterhimmel überstrahlt werde vom Lichtglanz der Sonne, die alles belebt und alles beseelt. Echnaton erhob den Sonnengott Aton zum alleinigen Gott. Manche glauben, dass der israelitische Monotheismus aus diesen Wurzeln erwachsen sei. Das lässt sich nicht beweisen; aber fest steht: Der Mensch braucht ein Gegenüber, in dem er sich spiegelt und wiederfindet. Erst der Glaube an *einen* Gott schafft einen Menschen, der in sich selber und mit sich selber einig werden kann.

Nun heißt es vor der genauen Formulierung des Gebots zunächst: Ich bin der Gott, der dich aus Ägypten, aus der Knechtschaft, geführt hat.

Ja, dieser Zusatz ist historisch ganz wesentlich: Der Gott der Hebräer hat den Menschen (sein »Volk«) aus der Knechtschaft herausgeführt in die Freiheit! Für eine Erfahrung, die jeder Mensch machen kann, gilt im Kern: Wenn jemand von Gott redet, ist der kritische Maßstab für die Wahrheit seiner Rede die Frage, ob das, was er da sagt, der Befreiung des Menschen dient – Kant hätte gesagt: der Autonomiewerdung des Menschen dient – oder seiner Entfremdung und Unfreiheit. Der Gott, der hier am Sinai redet, hat sein Volk befreit. An Gott glauben bedeutet mithin, selber frei werden, sich als Mensch aufrichten, alle Zwangsgesetzlichkeit von außen abschütteln. Dafür steht hier die Metapher Ägypten, das Land, in dem man Lohnsklave war, in dem man seine Anwesenheit unter unendlichen Arbeitsauflagen sich erwirtschaften musste. Die Menschen in Ägypten – in israelitischer Retrospektive – waren vor lauter Hunger geflohen ins Deltagebiet Ägyptens, und sie durften dort so lange bleiben, wie sie dem Herrenvolk nützlich waren, als Arbeitssklaven, womit gemeint ist, dass ein Mensch sein Dasein ständig rechtfertigen muss durch den Nutzen, den er anderen schafft, im Grunde immer beweispflichtig bleibt, überhaupt nur geduldet wird durch die Effizienz seiner Leistung. Wenn aber das 1. Gebot so gemeint ist, wie es da steht, dann ist da ein Gott, der dich aus dieser Abhängigkeit befreit hat, der deine eigene Freiheit und dein Glück will. Dann aber müssten wir aus der Geschichte Israels selber eine symbolische Vorlage machen für einen Weg, den jeder Einzelne unter den Augen seines Gottes zu gehen hat. An dieser Stelle löst sich das Alte Testament aus seinen historischen Bedingungen und verwesentlicht sich im Sinne des Christentums. Es wird zu einer Botschaft für alle Menschen, nicht mehr nur für das Volk Israel.

Allerdings liegt – wie in aller Religionsgeschichte – auch hierin wieder eine Gefahr. Man kann das ganze Alte Testament auf diese Formel bringen: der Kampf Gottes gegen die Götter. Es hat zum Kulturvergleich den Buddha gegeben. Der Buddha konnte alle Götter abschaffen, indem er sie als Facetten der Seele erklärte, als

Gestalten der menschlichen Angst. Die Tiefenpsychologen würden sagen: Alles, was komplexhaft ist in der menschlichen Psyche, kann sich eigenmächtig verselbstständigen, ohne dass man zu sich selber findet. Doch dieses Auseinanderfallen der Person kann man nur aufhalten durch eine Integrationsleistung liebender Begegnung. Das Alte Testament hat auch den »Kampf« um Gott äußerlich genommen – als gewaltsame Durchsetzung seines Gottes und seines Volkes gegen die Götter und Völker der Heiden.

Es gibt eine wichtige Stelle im Neuen Testament, bei Markus im 12. Kapitel, wo Jesus gefragt wird: Worauf kommt es wirklich an im Leben? Und er antwortet: »*Du sollst den Herrn, deinen Gott, lieben von ganzem Herzen, von ganzer Seele, von ganzem Gemüt und von allen deinen Kräften.*« Die wirkliche Frage, die diese Antwort Jesu aufnimmt, lautet: Wie wird ein Mensch in sich selber ganz? Jeder Jude kennt vom Sinai dieses wunderbare Gebet »Höre Israel, der Herr, unser Gott, ist ein einziger Gott. – Sch'ma Israel Adonai Elohenu Adonai Echad.« Die Einheit Gottes ist dabei identisch mit der Einheit des menschlichen Herzens. Aber der Gott am Sinai wurde immer historisch gesucht, immer äußerlich, immer sofort in die Soziologie gebracht: Wie organisiert man einen Staat, wie organisiert man eine Kirche, wie organisiert man Sozialsysteme? Dann droht sogleich die Militarisierung und Fanatisierung des Ein-Gott-Glaubens, wie er sich im Umkreis der Zehn Gebote in den furchtbaren Zerstörungs- und Ausrottungsbefehlen von 2 Moses 34, 11 ff. und 5 Moses 7, 1-5 ausspricht. Dieser falschen Wörtlichnahme des Dekalogs kann man nur gegensteuern durch Verinnerlichung. Die wirkliche Aufregung ist, wie man Gott findet im eigenen Herzen, wie man sich selber findet und wie man dabei zur Freiheit gelangt. Das bedeutet: Man hat kein anderes wesentliches Gegenüber mehr als Gott.

Ich beziehe diese Feststellung nur mal auf eine Reihe von Alternativ- und Entscheidungssituationen. Man hat im so genannten Dritten Reich 60 Millionen Menschen in den Glauben gesetzt, es sei ein und dasselbe, an die staatliche Macht zu glauben und an

Gott zu glauben. Ein Mann, der in der katholischen Kirche im Oktober des Jahres 2005 selig gesprochen wurde, Kardinal Clemens August Graf von Galen, konnte in seiner Kirchenpresse von 1938 in Münster schreiben lassen: »Ein Eid geschworen auf den Führer Adolf Hitler ist ein Eid geschworen auch auf Gott.« Das sei ein und dasselbe: an die staatliche Macht auf Erden und an die göttliche Macht im Himmel zu glauben!

Sie sprachen von mehreren »Alternativ- und Entscheidungssituationen«, die Sie beispielhaft darstellen wollten...

Ja, nehmen wir die so genannten Widerstandskämpfer in der Zeit des Nationalsozialismus, nehmen wir einen einfachen österreichischen Bauern wie Franz Jägerstätter. Er hat schon ganz früh gesehen, spätestens mit dem Beginn des Krieges gegen Russland, wohin das führen wird: Hunderttausende – dachte er, in Wahrheit waren es am Ende Dutzende von Millionen Menschen –, die in den Tod getrieben würden. Und er wusste, dass dieser Krieg ganz sicher nicht, wie die Bischöfe des »Großdeutschen Reiches« damals unisono predigten, ein Kreuzzug sein wird für Christus. Es war ein Massenabschlachten von Menschen zur Gewinnung von Kornkammern und Rohölquellen und der Ausdehnung der Reichsgrenzen. Ein faschistischer, unmenschlicher Krieg, geführt von einer »Herrenrasse« über »Untermenschen«! Das alles haben die Kirchen damals hingenommen; aber ein einfacher Mann wie Franz Jägerstätter meinte: Das kann nicht Gott sein, das ist Gotteslästerung, das ist die Leugnung Gottes im Herzen und im Kern. – Man begreift jetzt, wieso die Pflicht zum Widerstand im Sinne des 1. Gebotes sich unter anderem gegen jede Form von patriotischer Staatsvergöttlichung richten muss: Ich bin der Herr, dein Gott, die einzige Macht, die es gilt ernst zu nehmen! Franz Jägerstätter weigerte sich, den Kriegsdienst zu leisten, und wurde dafür hingerichtet. Er scheint mir dem 1. Gebot viel näher zu sein als der selig gesprochene Kardinal von Galen, der einstige Bischof von Münster.

Ich möchte gerne zurückkommen zum Alten Testament und zu den
Geschehnissen am Berg Sinai. Die ganze Situation dort, vor und
während der Verkündigung der Gebote, hat ja doch auch etwas sehr
Bedrohliches.

Die ganze Inszenierung ist bedrohlich, und für Moses ist es fast
eine tödliche Begegnung. Moses selber darf Gott nicht sehen, er
würde dadurch vernichtet. Er sieht die Gottheit gnädigerweise nur
von rückwärts her. Wüsste ein Mensch, wer Gott ist, er hielte ihm
für die Zukunft seines Lebens nicht stand.

An dieser Stelle muss ich jetzt aber auch einmal sagen: Ich
kenne so viele Menschen, die an Gott überhaupt nicht glauben.
In den neuen Bundesländern würden wahrscheinlich 80 Prozent
sagen: Wir sind Atheisten. Doch die verbalen Bekenntnisse sind
nicht das Wichtigste. Wichtig ist es, ob und wie Menschen sich
innerlich von dem Bild ihres Vaters (und ihrer Mutter) als einer
verinnerlichten Autorität gelöst haben. Ich habe gelernt – durch
die Psychotherapie, in der Seelsorge, als Priester vor vielen Jahren,
heute einfach als Mensch –, dass man genau erkennen muss, wie
denn *Gott* im Leben des einzelnen Menschen wirkt. Wenn man
erlebt, wie ein Mensch Ängste überwindet, beispielsweise in der
Psychoanalyse, sieht man, dass er das Bild seines Vaters nach und
nach relativiert. Der Vater war für ihn als Kind immer absolut, aber
jetzt merkt er, dass auch dieser Vater nur ein Mensch war, der gar
keine absolute Wahrheit besaß. Kinder dürfen erwachsen werden,
indem sie ihre Eltern noch einmal in Frage stellen. Sie müssen
nicht furchtsame Kinder bleiben im Schatten der Eltern. Das 1.
und das 4. Gebot spielen da schon ein Stück weit ineinander. Das
1. Gebot, innerlich gelesen, bedeutet die Freiheit von jeglicher
Menschenabhängigkeit; es ist das Ende auch der kirchlich so be-
liebten Praxis, die Abhängigkeit eines Kindes von seinen Eltern in
die Unterwerfung unter einen patriarchalen Gott zu überführen
und in Kirchenabhängigkeit umzuwandeln.

Sie haben von dem Missbrauch gesprochen, der mit Gottes Namen getrieben wird, und von Jahwe, der in der Wüste das Volk ermahnt, keine anderen Götter neben ihm zu haben. Ist diese Forderung des eifersüchtigen Gottes nicht befremdlich? Und damit verbunden: Wenn er ein solches Gebot in dieser Schärfe ausspricht, erkennt er damit nicht – zumindest indirekt – die Existenz anderer Götter an?

Beides trifft zu. Das eine ist: Wir haben es nicht sofort zu tun mit einem Monotheismus, sondern man hat es in gewissem Sinne – historisch gesprochen – zu tun mit einer Monolatrie, das heißt religionshistorisch: Man verehrt eine Gottheit als die wesentliche, aber im Wissen, dass es daneben noch andere Götter bzw. Gottheiten gibt, die man nur eben nicht verehrt. Der Monotheismus Israels ist daraus erwachsen. Die anderen Götter gibt es, zweifellos. Noch der »Dritte Jesaja«, gegen Ende des 6. Jahrhunderts, argumentiert damit, dass sich alle Götter versammeln im Himmel, und der Gott Jahwe macht sie alle stumm. Sie sitzen da und haben nichts mehr zu sagen; sie sind ohnmächtig. Man begreift, dass die Mächte, die bis dahin Herrschaft beansprucht haben, sich auflösen; sie werden immer schattenhafter. Sie haben keinen wirklichen Einfluss auf das Leben mehr.

Aber dann scheint mir ganz entscheidend: Es ist möglich, die ganze Bibel, alle historischen Texte der Religionen, zu lesen rein zeitbedingt und in dieser Gestalt zu verabsolutieren. Dann vergegenständlicht man sie im Grunde, und man bleibt bei ihren Entstehungsbedingungen stehen. Nimmt man die Texte aber symbolisch, hat man in ihnen Wegweisungen zur Menschwerdung. Dann geht es nicht mehr um Israel vor dem Sinai; es geht nicht darum, ein bestimmtes Volk wie die Ägypter zu bekämpfen oder beim Durchzug durch das Rote Meer hinter sich zu lassen, so dass sie als Leichen im Meer treiben. Man hat einen Werdegang im Prozess der Vermenschlichung. Und dann ist die Entdeckung des einen Gottes etwas, das im Herzen jedes Menschen vor sich geht, wenn er beginnt, sich aus den neurotischen Geflechten seiner Ängste zu befreien. Es muss nicht sein, dass jemand es in der religiösen Sprache der Bibel so ausdrückt. Eine Frau kam zu mir in die Sprechstunde und sagte: »Es kommt doch nur darauf an, dass ich endlich leben darf.« Sie hatte ihr ganzes Leben vertan, besetzt gehalten durch ihre Mutter. Dann hatte sie Kinder bekommen und entdeckte jetzt endlich: Sie hat doch auch das Recht, eine Frau zu sein, überhaupt ein Mensch zu sein. Sie erlebte das nicht als einen religiösen Prozess. Aber sie entdeckte, dass sie dabei wesentlicher wurde, und sie merkte, wie es ist, mal nicht zweckorientiert dies und das zu machen und immer nur für andere da zu sein. Sie darf eigene Wünsche haben, aber welche hat sie denn? Und welche darf sie haben? Sie hatte nie gelernt, dass sie etwas in Anspruch nehmen dürfte, dass sie ein Land unter ihre Füße bekäme, auf dem sie heimisch werden könnte. Und so wie bei dieser Frau verhält es sich bei vielen. Sie reflektieren den Prozess ihrer Selbstfindung und Befreiung nicht in religiösen Vokabeln, und doch ereignet sich in ihnen der Gott des 1. Gebotes. Wenn wir diese ganzen Bilder von der »Landnahme« Israels, also vom Einsickern ins Kulturland, aus der historischen Gewalttätigkeit des Alten Orients herauslösen, formen sich wunderbare Symbole, wie ein Mensch bei sich selber ankommt. Und so müssten wir diese Bilder interpretieren, damit sie dem humanen Anspruch genügen, den wir an sie stellen.

Sie haben ja auf den Missbrauch hingewiesen, der mit dem Namen Gottes getrieben wurde, insbesondere in autoritären Regierungsstrukturen wie zum Beispiel im »Dritten Reich«. Aber der Missbrauch mit Gottes Namen wird – denke ich – immerzu getrieben, und meine Frage heißt: Was sind denn heute die falschen Götter oder die modernen Götzen?

Das ist eine sehr komplexe Frage. Es gibt Sozialpsychologen, die einer Meinung huldigen, die in der Philosophie von Hegel um 1820 favorisiert wurde. Danach hat jedes Volk seinen eigenen Geist. Und dieser Volksgeist ist identisch mit der Form der Gottheit im jeweiligen Stadium der geschichtlichen Entwicklung. Der russische Dichter Dostojewski lässt in seinem Roman *Die Dämonen* eine seiner Gestalten sagen: »Jedes Volk existiert überhaupt nur, solange es an seinen Gott glaubt. Wenn es den Glauben an seinen Gott verliert, löst es sich sofort auf, und es wird ein ethnographisches Material, es wird ein Teil der menschlichen Geschichte, ein verwesender Kadaver sozusagen. Was seine Seele ist, was es zusammenhält, ist Gott.« So etwas kann mit der Bibel auch gemacht werden. Dann ist der Gott vom Sinai nichts weiter als ein Nationalgott, – die bloße Bindeenergie für sein Volk, eine Art Voodoo-Gottheit für den Stamm, ein nationalistisches Wir-Gefühl, ein rein sozialpsychologischer Effekt, nichts weiter. Das Christentum bestand aber gerade darin, im ersten nachchristlichen Jahrhundert den Gott Israels entsprechend dem Selbstverständnis der Propheten als verbindlich für alle Menschen zu interpretieren. Alles wird dadurch symbolisch. Da ist ein Berg, auf dem ein jeder Mensch sich erheben kann. Selbst eine Bergbesteigung ist schon in der Zeit der Renaissance, bei Petrarca, als eine mystische Pilgerfahrt der Seele zu sich selber gedeutet worden. Man besteigt einen Gipfel der Unabhängigkeit, gegen die Schwerkraft, gegen alles, was nach unten zieht. Man macht den Blick frei und schafft sich einen weiten Horizont, in dem man atmen und leben kann. Das ist die Begegnung mit Gott. Und weiter: Entscheidend ist, dass dieser Gott als »Gott der Väter« redet. Das heißt: Ich bin doch auch dir wesenseigentümlich. Was ich zu sagen habe, lebt in dir selber, ist dir eingeschrieben deiner ganzen Existenz nach. Da wird etwas angesprochen, wonach du dich immer gesehnt hast: dein Verlangen nach Liebe, deine Suche nach Geborgenheit, dein Bemühen, einen Wert zu haben, dein Bewusstsein, als Mensch doch etwas Einzigartiges zu verkörpern. Auch der Schöpfungsgedanke spielt da mit hinein: Man fühlt sich plötzlich wohl auf einer Erde, die sonst so fremd und so feindlich sein kann.

Im Ganzen also: Der Gebrauchswert der Religion liegt darin, ob sie entfremdend ist für den Menschen oder ob sie sich versteht aus dem Inneren des Menschen, als Energie und Urgrund seiner Freiheit. Jede funktional gewordene Regierungsform, in der die Mächtigen Gott benutzen, um ihre Interessen durchzusetzen, ist ein Dienst an fremden Göttern und dem 1. Gebot entgegengesetzt. Dies war der Wahn des »Dritten Reiches«, in dem es hieß: »Du bist nichts, dein Volk ist alles.« Genau das ist, gemessen am 1. Gebot, Götzendienst! Es ist auch Götzendienst, wenn man in God's own country seit der McCarthy-Ära der 50er Jahre jedes Schulkind jeden Morgen mit der Hand auf seinem Herzen sich vor der US-Fahne verschwören lässt auf den puren Chauvinismus.

Nun hatte ich aber gesprochen von den »modernen Götzen«, die der Mensch offenkundig auch heutzutage braucht. Und vielleicht hat das etwas zu tun mit einer Urangst des Menschen, egal für wie aufgeklärt er sich halten mag.

Menschen haben Angst, weil sie Menschen sind. Im Unterschied zu den Tieren haben sie ja nicht nur momentan, situativ, Furcht vor irgendeinem Beutegreifer, vor einer Gefahrensituation, in die sie geraten. Weil wir bewusste Lebewesen sind, begreifen wir, wie zufällig wir sind, wie fragwürdig unsere ganze Existenz ist. Und da suchen wir Sicherheit. Also klammern wir uns an etwas, das ganz sicher nicht Gott ist. Die Religionspsychologen würden sagen, dass das nur ein Fetisch sei. Es ist wie bei einem kleinen Kind, das Angst hat. Es wird des Nachts, wenn die Mutti nicht da ist, seinen Teddybären umklammern und ganz fest an sich drücken. In dem Stofftier repräsentiert sich die Nähe der Mutter. Objektiv wird der Teddy zur Sicherheitslage nichts Positives beitragen; es ist ein reiner Wunschtraum des Kindes. Doch ähnlich sind alle Fetische. Überall erschaffen wir Menschen uns Gegenstände, die absolute Geltung gewinnen zur Beruhigung unserer Angst, Fetische eben, Götzen, durch die wir Sicherheit gewinnen wollen. In Wahrheit verliert man alles damit, denn so ist Gott nicht. Man muss ein Gegenüber finden, das uns hilft, uns nicht an irgendwas zu klammern mit dem Versprechen einer Scheinsicherheit. – Im Bilde gesprochen: Ein Schiff geht unter, und es werden die Ertrinkenden sich klammern an die herumtreibenden Planken. Jeder klammert sich an ein Stück Holz. In der Angst ist das zu verstehen, aber viel wichtiger ist es natürlich, die Menschen das Schwimmen zu lehren. Das Wasser trägt, man müsste es nur erleben. Es ist wichtig zu spüren, dass das Leben selber uns über die Gefahr hinweghebt. Ans Land gekommen, hat es jedenfalls keinen Sinn mehr, die Planke auf dem Kopf mit sich herumzutragen. Der Buddha meinte einmal, die Religion sollte sein wie ein Floß, die ganze religiöse Lehre wie ein Gerät zum Übersetzen. Man trägt aber, einmal angekommen, das Floß nicht mehr mit sich herum; man lässt es einfach liegen und geht seinen Weg. Das müsste geschehen mit dem Glauben an den einen Gott, ohne falschen Göttern nachzulaufen.

Wenn ich Sie recht verstehe, hat das 1. Gebot, in dem Jahwe doch eigentlich nur von sich selber spricht, ganz wesentlich auch etwas zu tun mit der Würde und Selbstachtung des Menschen.

Ich entsinne mich einer Predigt, die der amerikanische Bürgerrechtler Martin Luther King einmal hielt, irgendwo in den Südstaaten. Sie ging ungefähr so: »Ich sehe, dass du nicht einmal Schuhe an den Füßen hast. Aber du bist jemand! Ich vermute, du kennst nicht mal deine eigene Mutter. Aber du bist jemand! Ich glaube, du hast noch nie eine Schule besucht. Aber du bist jemand!« Und je länger Martin Luther King redete, desto mehr bewegte sich die ganze Gemeinde. Die Augen der Farbigen fingen an zu glänzen. »But I am someone« – aber ich bin doch jemand! Das bedeutet Freiheit. So wie vielleicht auf den Feldern der Südstaaten im 19. Jahrhundert die Sklaven dort eine Würde bekamen gegenüber Gott – und sie hatten eine Hoffnung: Irgendwann wird der Himmelswagen kommen und mich abholen. Irgendwann werde ich meine Mutter wiedersehen. Irgendwann einmal werden alle Lasten von mir genommen.

Was wir heute sehen, kann oft völlig widersinnig und gegenläufig sein. Man erklärt uns, dass der wirkliche Gott der »freie Markt« sei und dass das Heil in der Globalisierung liege. Alle Interessen hätten sich dem unterzuordnen, – die ganze Natur zum Ausverkauf für den Götzen »freier Markt!« In einem Land wie Pakistan sollen Dörfer glücklich sein, bloß weil man ihnen Gelegenheit gibt, Fußbälle zusammenzunähen, die in Europa bei der Fußballweltmeisterschaft gebraucht werden. Man schafft ja sogar Arbeitsplätze! Aber Gott ist etwas anderes als der Markt, etwas anderes als die Verwendbarkeit des Menschen für bestimmte Funktionsinteressen, egal welche: staatspolitische, kapitalistische, militärische – völlig egal! Was ich bin, definiert sich doch nicht über mein Bruttosozialprodukt, nicht über meine Effizienz auf dem Arbeitsmarkt bei der Sicherung des »Industriestandorts Deutschland«, über die Zahlungsfähigkeit beim Finanzamt und durch die Kreditwürdigkeit bei der Bank. Meine Bedeutung definiert sich dadurch, dass ich ein Geschöpf Gottes bin. Dies und nichts anderes meint die »Befreiung« aus dem Land Ägypten: ein Ende der Ausbeutung sozial, ein Ende der Duckmäuserei psychisch – ein Ende des Ödipuskomplexes, meinte der Jude Sigmund Freud. Und so begründet das 1. Gebot eigentlich die Möglichkeit aller Moral. Es »gebietet« als Erstes, wir selber zu sein im Gegenüberstand Gottes, – ein Ich zu bilden gegenüber dem absoluten Ich, das mit uns redet und uns meint. Und man kann zeigen, dass es so ist.

Wir sprechen die ganze Zeit über die Selbstwerdung des Menschen. Wenn wir indessen nicht lernen, Rücksicht zu nehmen auf jeden Einzelnen, weil er ein Mensch ist, nehmen wir Rücksicht auf gar nichts mehr. Dann haben wir alle Grenzen überschritten. Die Individualisierung jedes Einzelnen ist der Grund dafür, dass das Zusammenleben aller funktioniert. Carl Gustav Jung hat einmal gesagt: »Moral ist gebunden an den Einzelnen. Die Masse kann überhaupt nicht moralisch sein.« Persönliche Verantwortung ist Grund und Voraussetzung aller Moral. Und genau damit hat auch die Geschichte vom Sinai und das 1. Gebot zu tun.

2 Das zweite Gebot

Du sollst dir kein Bildnis noch irgendein Gleichnis machen, weder von dem, was oben im Himmel, noch von dem, was unten auf Erden, noch von dem, was im Wasser unter der Erde ist:
Bete sie nicht an und diene ihnen nicht! Denn ich, der Herr, dein Gott, bin ein eifernder Gott, der die Missetat der Väter heimsucht bis ins dritte und vierte Glied an den Kindern derer, die mich hassen, aber Barmherzigkeit erweist an vielen Tausenden, die mich lieben und meine Gebote halten.
Du sollst den Namen des Herrn, deines Gottes, nicht missbrauchen; denn der Herr wird den nicht ungestraft lassen, der seinen Namen missbraucht.

Herr Drewermann, das 2. Gebot wird oft in sehr verkürzter Formulierung dargeboten, aber tatsächlich ist es im 2. Buch Moses besonders lang geraten. Die beiden Schlüsselbegriffe, um die es geht – denke ich – heißen »Bildnis« und »Namen«.

In beiden Begriffen konkretisiert sich das, was bereits im 1. Gebot stand: Es ist das Ende des Menschen, der Verlust seiner Freiheit, Gott zu vergegenständlichen, sich also in absoluter Weise an etwas zu hängen, das nicht wirklich Gott ist. Die Römer, als sie im Jahre 70 n. Chr. den jüdischen Tempel betraten, werden nicht übel gestaunt haben, dass sie ein Heiligtum vorfanden, in dem es kein Gottesbild gab. Der griechische Bildhauer Phidias hat ein Weltwunder geschaffen in dem Bild des olympischen Zeus. Alle Religionen, insbesondere die Alten Ägypter, hatten bestimmte Vorstellungen von Gott oder von den Göttern. Im Katholizismus hat man immer noch viele Heilige, man hat Statuen, die auch eigene Verehrung auf sich ziehen, die Madonna von Guadalupe, die Madonna von Fatima, die alle werden wie wundertätige Mächte verehrt. In all diesen Formen ist und bleibt Gott etwas Endliches, Vorstellbares, mit dem Bleistift sozusagen in der Kontur Umreißbares. Die Angstberuhigung der religiösen Institutionen besteht darin, bestimmte Denktabus zu erlassen, um Gott einzuengen. Der wichtigste Deformationsprozess in der Kirchengeschichte der christlichen Religionsform besteht in dem permanenten Dogmatismus. Man definiert Gott in bestimmter Weise und schließt alle anderen Definitionen als irrlehrig aus. Man hat also Gott, wenn man ihn in eine Formel hineinpresst. Dann hat man aber einen bestimmten Namen von Gott, einen bestimmten Begriff von Gott, ein philosophisches Konzept von Gott und eine Sprache, die einzuhalten ist. Aber Gott wohnt in keiner Formel!

Es ist erschütternd, zu sehen, wie Gott im dritten Kapitel des Buches Exodus dem Moses erscheint im brennenden Dornbusch. Da wird ein Mann, der seiner eigenen Sprache kaum mächtig ist, der Jähzornsattacken unterliegen kann, aber begabt ist mit brennenden Visionen für die Freiheit seines Volkes, konfrontiert mit der Frage, ob er zum Schaden oder Nutzen gereichen wird. Und er misstraut sich selber so, dass er am Ende zu Gott sagt: »Wer bin ich denn? Und wer bist du denn? Was soll ich von dir meinem Volke sagen?« Und die Antwort in Exodus 3, 14 lautet: »Ich bin da, als der ich da sein werde. Das ist mein Name.« So übersetzt der jüdische Religionsphilosoph Martin Buber diese wichtige Stelle, sehr im Unterschied wieder zum dogmatischen Begriff von Gott in der kirchlichen Theologie. Papst Johannes Paul II. hat bei seiner Pilgerreise auf den Sinai der Menschheit erklärt: »Dies ist die Stelle, wo Gott sich geoffenbart hat mit einem Namen, der kein Name ist: Ich bin, der ich bin, der ewig Seiende.« Der Papst hat damit wiedergegeben, was er in Krakau gelernt hat: Gott habe sich definiert mit einem metaphysischen Begriff. Doch was im Buche Exodus steht, ist etwas ganz anderes. »Du musst mich nicht verstehen«, sagt im Grunde Gott seinem Verkünder Moses. »Du wirst nie wissen, wer ich bin. Eben darin, dass ich ein Geheimnis bin, zeigt sich meine Göttlichkeit. Du musst deine Angst niemals damit beruhigen, dass du vorgibst, etwas von mir zu wissen. Aber ich gebe dir eine Versicherung: Ich werde immer da sein, wo du sein wirst. Meinen Beistand kannst du spüren, der dich begleitet, so unsichtbar wie die Luft, wie der Atem in deinem eigenen Mund, wie der Schlag deines Herzens, das du nur von innen fühlst. Du musst nicht wissen, wer Gott ist, aber du kannst ihm vertrauen. Ich bin eine Wirklichkeit, die alles andere relativiert, indem sie dich beschützt, indem sie mit dir geht.« – Es ist das eine sehr alte hebräische Vorstellung von Gott, einem Wege-Gott, vielleicht anschaulich geworden für die Hirten-Nomaden bei der Wanderung mit ihren Herden unter dem Bild des Mondes. Der zeigte ihnen die Orientierung, der beleuchtete die Nacht, der gab einen gütigen Schimmer, wenn die Hitze des Tages Abschied nahm.

Von diesem namenlosen Gott der Hebräer gibt es kein Bildnis. Der Schriftsteller Max Frisch hat in seinem Bühnenstück Andorra *das Gebot »Du sollst dir kein Schnitzbild von Gott machen« übertragen auf den Menschen. In* Andorra *hat man sich ein ganz bestimmtes Bild gemacht von einem Menschen, nämlich von einem – vermeintlichen – Juden.*

Indem man Menschen festschreibt, sie in ein bestimmtes Bild presst, wird man unmenschlich. In *Andorra* wird ein Mensch erst zu einem Juden gemacht, dann aus der Gesellschaft ausgestoßen, schließlich ermordet. Es ist die ganz normale Erfahrung: Wir leben miteinander, und dann fangen wir an zu überlegen, was man von dem anderen haben kann, wie funktionstüchtig er für irgendeinen Zweck ist. Man kann ihn brauchen in der Firma, in der Partei, in der Kirche, im Sozialverband – wo und wofür auch immer. Selbst in der Ehe. Das ist ja doch die Frau, die ich jetzt seit zwanzig Jahren meine eigene nenne! Oder mein Mann: So hat der zu sein. So haben wir uns kennen gelernt, so soll er bleiben, so hab ich mein Bild von ihm, den Begriff von ihm. In Wirklichkeit ist eine solche Haltung identisch mit Unfreiheit, die man dem anderen vorschreibt. Der andere darf sich nicht entwickeln, er hat kein Geheimnis mehr. Er sinkt herunter zum Trivialen. Man kann einen Menschen nicht reduzieren auf die Erfahrungen, die man bisher mit ihm gemacht hat. Antoine de Saint-Exupéry schreibt mal in *Wind, Sand und Sterne* sehr schön: »Es ist so ähnlich, wie wenn jemand die Spur einer Karawane vor sich sieht. Ihr Weg geht im Sand immer geradeaus, und man würde denken, so geht sie immer weiter. Aber plötzlich biegt sie rechts oder links ab.« Und das hat man nicht vermutet. Immer ist man geneigt, das menschliche Leben zu definieren nach der Spur, die es bisher gegangen ist. Man traut ihm überhaupt nicht zu, dass etwas Neues zu entdecken wäre. Aber die wirkliche Liebe wartet darauf, im anderen das Unbekannte sich hervorlocken zu lassen, ins Wahre zu heben und Freiheit zu schenken für Möglichkeiten, die noch gar nicht entdeckt wurden.

Dieser Tage hatte ich ein sehr schönes Erlebnis. Eine Frau schilderte mir, dass sie unter ihren Lebensbedingungen sehr leidet, sie kommt nicht recht weiter, und es dreht sich alles im Kreise. Es sind immer derselbe Zwang und die gleichen Konflikte, dieselben Eltern und derselbe Ehemann. Nun war es aber so, dass auf meiner Fensterbank ein Kaktus stand. Er war eigentlich nur immer größer geworden und immer stacheliger. Aber dann hat er einen Seitentrieb hervorgebracht wie eine langsam wachsende Trompete. Und plötzlich öffnete die sich zu einer wunderschönen Blüte. Nur drei Tage lang blüht so ein Kaktus. Und in genau dem Zeitraum kam die Frau, so dass ich ihr diese Explosion der Freude bei einer Pflanze zeigen konnte. Die Blüte wird sehr schnell wieder zurückgehen, und es ist dann wieder der alte Kaktus. Aber dieses Geschenk der Schönheit hat doch die ganze Zeit schon in ihm gelebt, und plötzlich zeigt sich etwas völlig Neues. So ist das im wirklichen Leben. Und auch in der Frau lebt noch viel mehr, und sie selber wartet ja förmlich darauf, dass es neu erblühen würde.

Das menschliche Leben, die menschliche Seele ist unendlich. Das ist die große Entdeckung, die sich hier parallel spiegelt in der Unendlichkeit Gottes. Man glaubt Gott nicht, wenn man ihn in ein Dogma presst. Konkret bedeutet das, dass man aus jeder Konfession herauswachsen muss, um Gott zu finden. Alle Religionsgemeinschaften verwalten Gott institutionell in begrenzten Formen, und das ist bei allem Reden von Gott im Grunde Götzendienst. Ein solcher aber schafft nicht Freiheit, sondern Entfremdung. Im Grunde dient man wieder fremden Göttern im Sinne des 1. Gebotes, und man schafft sich Götzenbilder im Sinne des 2. Gebotes.

Ich will noch mal auf das Gebot zurückkommen: »Du sollst dir kein Bildnis machen.« Meiner Ansicht nach wurde dieses Gebot nur im Judentum befolgt, im Christentum doch eigentlich nicht. Ich erinnere mich, dass ich als Kind immerzu in biblischen Geschichten Bilder sah, auf denen Gott dargestellt war, Gottvater oft als alter Mann mit langem Bart. Und so ist das doch in der ganzen Kunstgeschichte bis Michelangelo und weit darüber hinaus.

Wir haben im Christentum nicht nur Dogmen von Gott entworfen, sondern auch eine riesige Ikonographie. Wir malen ständig Bilder von Gott. Es ist ein eigenes religionshistorisches Thema, das im Übrigen nicht allein das Judentum betrifft. Es hat eigentümlicherweise in Teilen des semitischen Kulturbereichs keine Abbilder von Gott gegeben. Es könnte sein, dass das Bilderverbot tatsächlich einer gemein-semitischen Tradition folgt. Jedenfalls scheint es mir gut vereinbar mit der Tatsache, dass speziell der Islam bis heute absolut bilderfeindlich ist in dem Sinne, dass er ganz der Transzendenz des Göttlichen verpflichtet ist. Alle Moscheen werden geschmückt mit wunderbar ornamental geführten arabischen Lettern aus dem Koran. Gott erscheint uns in dem, was er uns zu sagen hat, soll das heißen. Unser Gehorsam gegenüber seinem Wort ist das Einzige, was wichtig und notwendig ist, nicht dass wir uns Gott vorstellen. Und das ist nun tatsächlich im Judentum wie im Islam in der semitischen Tradition erhalten geblieben. Gebrochen wurde das, wenn man so will, im Christentum unter komplizierten kulturgeschichtlichen Voraussetzungen. Man hat die ersten Bilder von Gott angefertigt – auch von Christus – mit schlechtem Gewissen. Man hatte noch im 3./4. Jahrhundert dafür die Legitimation, dass diese Bilder gar nicht von Menschen gemalt worden seien, sondern man nannte sie *Acheiropoieta* – Bilder, die nicht von Menschenhand stammen, die sozusagen vom Himmel gefallen sind – und wollte damit gewissermaßen psychologisch sagen: Wenn Gott uns Bilder in die menschliche Seele gegeben hat, dann wird es auch legitim sein, Bilder mit Gott zu verbinden. Tatsächlich glaube ich das auch: dass die menschliche Seele verbunden ist mit Bildern, die wir brauchen, damit sich uns Gott vermittelt.

Auch wir untereinander leben ja nicht von bloßen Worten. Ein Mann sagt seiner Frau: »Ich liebe dich.« Aber er wird es ihr sogleich zeigen durch eine Geste. Er wird sie in den Arm nehmen oder streicheln oder sie küssen oder an sich drücken, was auch immer. Oder er wird ihr ein Geschenk mitbringen, eigentlich nur einen Gegenstand, aber es ist ein Bild für seine Liebe. Eine Schachtel Pralinen, die im Kaufhaus liegt, bedeutet überhaupt nichts, aber auf dem Tisch der Frau kann sie etwas ganz Wesentliches bedeuten. Ein paar Blumen, die am Feldrain wachsen, sind unbedeutend, aber in der Hand eines Mannes, der sie seiner Frau gibt, bedeuten sie womöglich die ganze Seligkeit. Kurz, wir sind darauf angewiesen, dass sich unsere Gefühle in Symbolen vergegenständlichen. Insofern benötigen wir Bilder. Wir brauchen sie, um etwas sichtbar machen zu können. Wer weiß, dass Bilder nur Bilder sind, der darf sie verwenden. Aber wer aus lauter Angst Bilder verwendet, wie wenn sie die Gottheit selber wären, der wird zum Götzendiener. Das ganze Problem liegt in der Religionspsychologie des Symbols. Je mehr Angst Menschen haben, desto sicherer werden sie Gott vergegenständlichen oder fetischisieren. Drum hilft es nicht, die Götzen zu zerschlagen, wie man es getan hat, als die spanischen Mönche etwa den Azteken ihre Götter verbrannten oder als Karl der Große die germanischen Götter ausgerottet hat und Bonifatius die Eiche fällte, nur um zu zeigen, ein Baum sei kein Gott. Die Frage ist: Welche Angst haben Menschen, um in bestimmten Gegenständen Geborgenheit zu suchen? Löst man diese Angst auf, überwindet man die ganze Götzendienerei. Statt Bilder zu zerstören, müsste man die Menschen stabilisieren, sie zu sich selber führen, ihnen Mut machen in der eigenen Existenz im Gegenüber des Göttlichen. Das ist die eigentliche Aufgabe, die religionspsychologisch zu leisten wäre: im Vertrauen die Angst zu überwinden, die dahin führt, dass man Gott mit jenen Bildern verwechselt, die man braucht, um Gefühle zu binden. Wir nennen Gott »Vater« zum

Beispiel, mit Bart, wie Sie sagen. Von mir aus könnte man ihn auch »Mutter« nennen, mit langen Haaren, das liefe auf dasselbe hinaus. Schon wenn wir sagen: Gott ist unser Vater, sprechen wir in einem Bild, und es entsteht in uns ein Gefühl kindlicher Geborgenheit. Auch Jesus erzeugt dieses Gefühl im Neuen Testament, wenn er im 6. Kapitel bei Matthäus, in der Bergpredigt, sagt: »Wenn ihr betet, redet: Lieber Vater, himmlischer du.« Jeder, der nachdenkt, weiß, dass Gott nicht in wörtlichem Sinne als »Vater« oder »Mutter« vorstellbar ist. Aber die Zielrichtung eines solchen Bildes ist richtig. All die Bilder sind wie die Glaswände einer gotischen Kathedrale, durch die das Licht der Sonne dringt. Kein Bild in der Kathedrale zeigt uns die Sonne. Aber dass es überhaupt als Bild leuchtet, liegt an der Sonne, die durch es hindurchscheint.

Offenbar hat das Christentum für die Ausbreitung seiner Lehre einen synkretistischen Mittelweg gefunden. Religionspsychologisch, denke ich, ganz wichtig: Es hat den riesigen Schatz an Bildern und Vorstellungen, an Mythen und Symbolen integriert und für sich nutzbar gemacht.

Das Christentum hat damit scheinbar dem 2. Gebot des Dekalogs widersprochen, doch wir wissen jetzt um die Gefahr und die Notwendigkeit, Gott in Symbolen fühlbar und vorstellbar zu machen. Luther hat, von der Wartburg kommend, dem Bilderstürmer Andreas Karlstadt entgegengehalten, man könne doch nicht die Sonne und den Mond vom Himmel holen, nur weil es Menschen gebe, die sie anbeteten. Das 2. Gebot ist selbst ein Symbol, die Welt zu lesen als Bilderbuch Gottes, nicht als Gott selbst. Und jetzt noch genauer: Im 2. Gebot wird geboten, dass man sich kein Bildnis machen soll von dem, »was oben im Himmel ist«. Das richtet sich sehr klar gegen den Astralkult des Alten Orients. Man verwechselt Gott mit den Sternbildern. Man macht aus der Religion einen astrologischen Spuk. Man erklärt: Weil die Konstellation der Sternbilder so ist, ist dein Schicksal so. Die Sterne haben Macht über dein ganzes Leben. Und schon wieder ist der Mensch unfrei und abhängig. In 5 Moses 4, 19 wird ausdrücklich die Anbetung der Gestirne in Auslegung des 2. Gebotes untersagt. Oder man verdinglicht Gott mit dem, »was unten auf Erden ist«. Man hypnotisiert die Menschen auf eine Festschreibung für etwas Irdisches, das man erreichen muss. Man definiert den Menschen als Amtsträger zum Beispiel. Dann ist er Finanzdirektor oder Offizier oder Postzusteller. Er hat irgendeine Rollenzuweisung. Und der Dienst in diesem Betriebssystem ist dann sein »Gottesdienst«. Oder man macht Gott zum Inbegriff von etwas buchstäblich Unterirdischem. Alles, wovor wir uns fürchten – der Tod, das Unheimliche, das Abgründige –, kann plötzlich die Gestalt dämonischer Wirklichkeit annehmen, die dann Macht hätte gegen Gott oder sogar über Gott. Alles, was religionsgeschichtlich im Sinne der persischen Mythologie als der »böse Geist«, als Teufel, identifiziert wird, ist unterirdisch. Aber der Dekalogtext sagt uns: Das Dämonische, das Satanische, das alles gibt es überhaupt nicht. Mit dem Monotheismus vereinbart sich kategorisch nicht der Glaube an irgendeinen Teufel. Der Mensch findet sein ordnendes Ziel, seinen einheitlichen Mittelpunkt in Gott, der nur ein einziger ist. Es ist wie für ein Schiff auf hoher See: Es braucht den Leuchtturm, damit es weiß, wie es zum Hafen findet, oder den Polarstern als Richtungsweiser am Himmel; aber man darf nicht die Ambivalenzen der menschlichen Psychologie in die Theologie hineintragen und metaphysisch verewigen.

Ich weiß nicht, ob das Zitat hier angebracht ist, aber Augustinus, einer der großen Kirchenlehrer, schreibt in seinen Bekenntnissen *an einer Stelle: »Ich fragte Himmel, Sonne, Mond und Sterne, sie sagten auch, wir sind nicht Gott, den du suchest. Und ich sprach zu allen Dingen, die sich meinen Sinnen darbieten: Sprecht zu mir von meinem Gott, weil ihr selbst es nicht seid. Sprecht zu mir etwas über ihn. Und sie antworteten mit lauter Stimme: Er selbst hat uns geschaffen.«*

In diesen Worten des Augustinus liegt auch, dass wir Menschen niemals in der Welt aufgehen. Es ist dies ein Aspekt des 2. Gebotes, den man so gut wie nie erwähnt, der aber sehr wichtig ist. Alle Schulkinder lernen heute den Darwinismus als die biologische Weltdeutung zur Interpretation der Evolution und auch zur Begründung für das Dasein des Menschen. Und in der neoliberalen kapitalistischen Wirtschaftsphilosophie haben wir ähnliche Modelle: Es siegen die Starken, die sich behaupten, die sich in einer Konkurrenzsituation am besten durchsetzen. Daher ist es richtig zu betonen, dass wir Menschen nie nur »Natur« sind. Wir Menschen dürfen nicht so handeln, wie die Natur es jederzeit tut, nie so gleichgültig, nie so zweckmäßig, nie so rücksichtslos. Die Natur als Ganzes, von der Augustinus noch sagt, sie ist von Gott geschaffen, ist wie ein dunkler Vorhang vor dem Licht der Liebe, nach dem wir suchen. Ein paar Jahrhunderte vor Augustinus, im Alten China, hat der Weise Laotse einen bedeutenden Satz für die Mystik aller Religionen und aller Zeiten formuliert. Gleich am Anfang seines Buches *Taoteking* schreibt er: »Wer vom Tao, vom Absoluten, vom Zentrum der Welt, spricht, kennt es nicht. Wer das Tao kennt, spricht nicht davon.« Was treiben wir – frage ich mich beim Hören solcher Worte – in der ganzen Theologie, die so unendlich redselig ist und in ihrem kirchenverfeierlichten Dogmatismus in garantierter Unfehlbarkeit alles zu wissen scheint?

Was mich beim 2. Gebot etwas schaudern lässt, ist, dass dieser Gott am Sinai offenbar ein rächender Gott ist. Genau in der Mitte zwischen Bilderverbot und Namensverbot droht Jahwe damit, er werde eine Übertretung des Gebotes streng bestrafen, denn er sei ein »eifernder Gott«, der die Missetat der Väter heimsuchen werde über die Generationen hin, bis ins dritte und vierte Geschlecht.

Die Art, wie Gott tatsächlich straft, hat in der Bibel einige Beispiele, die sehr sinnreich sind. Im 3. Kapitel der Genesis (1 Moses 3) wird erzählt, wie die Menschen – in meiner Deutung – aus lauter Angst nicht mehr tun können, was sie eigentlich möchten: den Baum in der Mitte des Gartens, den Baum der Erkenntnis von Gut und Böse, nicht zu berühren. Die Schlange aber hypnotisiert sie förmlich bis dahin, dass sie irgendwann genau das tun, was sie vermeiden wollen. Und dann kommt Gott in den Garten seiner Welt und straft die Menschen. Er straft sie furchtbar; doch eigentlich nur dadurch, dass er die Realität sichtbar macht, in welcher die Welt einem Menschen erscheinen muss, der Gott als den gütigen Hintergrund seiner Existenz aus Angst aus den Augen verloren hat. Jeder Tag beginnt fortan mit der Düsternis, dass es der letzte sein könnte. Zwischen Adam und seiner Frau Eva liegt das zerbrochene Vertrauen und das zerstörte Glück der Liebe. Menschen, die fürchten, dass sie sich kritisch anschauen könnten, haben Grund, sich voreinander zu verbergen, dürfen ihre Schwächen nicht zeigen, ihre Blößen nicht offenbaren, fürchten die zerstörerische Beobachtungsgabe des anderen. Und dann verkommt die Liebe zum Herrschaftsverhältnis. Adam soll und wird herrschen über seine Frau, und die wird gestraft werden in dem, was eigentlich Glück und Erfüllung sein könnte; wenn sie ein Kind zur Welt bringt, wird sie es unter Schmerzen tun. Sie wird bestraft dafür, eine Frau zu sein, so wie der Mann dafür, ein Mann zu sein. In Arbeit und Gebären werden sie der Fruchtbarkeit der Welt dienen. Da lauert die Schlange weiter als Repräsentant einer jetzt feindselig gewordenen Natur. Das alles sind *Strafen* in jedem Daseinsbereich. Aber was die Bibel eigentlich zeigt, ist dies: Gott geht im Grunde nur den Weg mit den Menschen ab, den sie selber gegangen sind. Wenn man so will, ist die Art, wie Gott straft, eine Art Feststellungsrealismus. Gott beschreibt lediglich das, was eingetreten ist durch das eigene Verhalten. Die Strafe ist die logische Folge aus dem, was sich ergibt, wenn man bestimmte Dinge gründlich falsch macht.

Dementsprechend muss man auch jetzt sich fragen: Wie kann denn die Übertretung dieser beiden einheitlichen Gebote – Gott zu verdinglichen durch Bilderherstellung und durch Namengebung –

eine solch furchtbare Konsequenz haben, dass sie sich über Generationen des Täters legt, sich sozusagen in die Erbfolge einschreibt? Die Erklärung kann nur sein, dass ein Mensch, der Gott verendlicht, auch sich selber verendlicht. Die Verendlichung Gottes ist zugleich identisch damit, sich über Menschen und über sich selbst feste Vorstellungen zu machen. Wer aus lauter Angst das, was ihn befreien könnte, selber in einen äußeren Zwang verwandelt, der macht auch sich selber zu einer endlichen Größe, und es ist dann die eigene – neurotische – Unfreiheit, die als einengend auch an die eigenen Kinder weitergegeben wird, und zwar von Geburt an, ja, sogar noch vor der Geburt.

Es zeigt sich, dass Kinder die Angst ihrer Mütter bereits übernehmen, noch ehe sie auf der Welt sind. Wir können neurologisch sehen, wie die Stoffe, die im Gehirn und im Körper Angst kodieren, durch die Plazenta hindurch die Entwicklung eines kindlichen Gehirns schon vor seiner Geburt mitbestimmen. Und auch in den ersten Lebensmonaten und -jahren: Wenn die Mutter angstverzerrt, hilflos schreiend oder wütend dasitzt, wird das Baby in ihrem Arm ganz genauso schauen, genauso hilflos und verzweifelt. Mit einem Wort: Die ungelösten Probleme im Leben der Mutter – oder auch des Vaters – werden zur Aufgabe des Kindes. Es ist – schaut man sich die Symptomtradition in der Geschichte mancher Neurosen an – wirklich sehr wichtig zu begreifen, dass dieser Mensch, mit dem wir jetzt reden, das Kind seiner Eltern ist, die wieder Eltern hatten, die wieder Eltern hatten. Die Alten Griechen hätten gesprochen von einem Fluch, der auf manchen Menschen, manchen Familien liegt wie in Theben über dem Hause Kadmos. Da ist etwas geschehen, das wie eine Hypothek sich immer weiterreicht.

Es hat in der amerikanischen Literatur – bei den Puritanern in Neuengland, um 1850 – der Schriftsteller Nathaniel Hawthorne in dem Roman *Das Haus mit den sieben Giebeln* genau dieses Motiv beschrieben, wie über Jahrhunderte hinweg ein bestimmtes Haus fluchbeladen ist. Es ist erworben worden durch Verleumdung und Mord, juristisch allerdings scheinbar vollkommen legal. Aber dieser Fluch – will sagen: die Geistesart des Gründers dieses Hauses – wird sich immer wieder in neuen Gestalten personifizieren.

Zu begreifen gilt es deswegen, dass die Art, wie Gott straft, in dem liegt, was wir selber tun. Und es ist eine Frage, die über alles entscheidet, ob wir leben aus Angst oder aus Vertrauen. Darum bleibt die Frage: Wie erlöst man die Menschen von ihrer Angst? Wie geht man denen nach, die sich selber verbarrikadiert haben? Wie klopft man an die Türen der Herzen so, dass sie sich von innen öffnen? Denn mit dem Rammbock des Gesetzes, mit Zwang von außen, kann man nur zerstören, niemals etwas retten. – Wir haben gegen die Verdinglichung des Menschen auch noch mal zu erinnern an Kants kategorischen Imperativ. Der Inbegriff des Sittlichen ist die Zweckfreiheit des Menschen als Bedingung der Möglichkeit sittlich richtigen Handelns: »Ein Mensch darf niemals ein Mittel zum Zweck sein, nur ein Zweck an sich selber.« Das meinte vor mehr als 200 Jahren der große deutsche Philosoph Immanuel Kant. Diese Zweckfreiheit liegt auch im 2. Gebot.

3 | Das dritte Gebot

Gedenke des Sabbattages, dass du ihn heiligest.
Sechs Tage sollst du arbeiten und alle deine Werke
tun.

Aber am siebenten Tage ist der Sabbat des Herrn,
deines Gottes. Da sollst du keine Arbeit tun, auch
nicht dein Sohn, deine Tochter, dein Knecht,
deine Magd, dein Vieh, auch nicht dein Fremdling, der in deiner Stadt lebt.

Denn in sechs Tagen hat der Herr Himmel und
Erde gemacht und das Meer und alles, was darin-
nen ist, und ruhte am siebenten Tage. Darum seg-
nete der Herr den Sabbattag und heiligte ihn.

Herr Drewermann, das 3. Gebot handelt von der Heiligung des Sab-
bats. Im Christentum ist aus dem Sabbat im Sinne der Arbeitsruhe
der Sonntag geworden. Warum muss denn überhaut der Ablauf der
Zeit unterbrochen werden?

Wir können in allen Religionen und Kulturen eine Rhythmisie-
rung der Zeit beobachten. In den Fluss der Zeit wird eine Ordnung
gesetzt, die Heiliges erfahrbar macht in wiederkehrenden Festen.
Wir wachen morgens auf, und wir wissen, heute ist Geburtstag –
oder heute ist Ostern – oder heute ist der Jahrestag meiner Hoch-
zeit. Und das Gewohnte im vollkommen Ungewohnten ist eine der
ganz wichtigen Formen, dem Menschen im Strom der Zeit die
Ungewissheit zu nehmen. Die vorgegebene Zeitordnung in wiederkehrenden Zyklen liegt im Abbild des Himmlischen. Die Sonne
geht auf – die Sonne geht unter. Der Jahreszyklus auf der Nord-
und der Südhalbkugel spielt eine Rolle. Der Mond – in der Perio-
dik von 29 Tagen – geht auf – geht wieder unter. Und merkwürdigerweise steht dieser Zyklus in Verbindung auch mit dem Zyklus
der Frau, ein Geheimnis, für das wir bis heute keine Erklärung
haben. Der Mondzyklus und der weibliche Zyklus scheinen zu
regieren über die Fruchtbarkeit der Welt – ein Mysterium, das
schon in der Steinzeit, vor vielen Jahrzehntausenden, offensichtlich
als solches empfunden wurde. In den Rhythmus nun von 28/29
Tagen des Mondes wird durch Vierteilung eine Wochenordnung
von 7 Tagen eingeteilt. Diese ist babylonischen Ursprungs, und
man hatte dort eine Art Tabutag, der akkadisch Schapattu genannt
wurde. Die meisten Bibeltheologen leugnen, dass der hebräische
Sabbat mit dem mesopotamischen Schapattu zu tun hätte. Ich

glaube aber, es besteht eine ganz enge Verbindung, wenn man sieht, wie zwangsgesetzlich, wie lähmend auch das Sabbatgebot über Israel liegen konnte. Gemeint war es im Ursprung freilich anders – ohne Frage. Man sieht das sogleich: Sonderbarerweise ist im ganzen Dekalog das 3. Gebot das einzige, das kein Verbot, sondern eine Freigabe darstellt. Man erklärt, dass Gott selber geruht habe am siebenten Tag. Das ist etwas sehr Erstaunliches, denn natürlich braucht Gott keine Ruhepause. Die Vorstellung, er könnte sich ermüdet haben als Weltenbaumeister, ist in sich selber schon rein anthropomorph. Uns aber hat diese Vorstellung etwas sehr Wichtiges zu sagen.

Ich treffe immer wieder Menschen, die getrieben sind von Leistungsansprüchen, von Verpflichtungsgefühlen, die nicht zur Ruhe kommen können, weil inwendig die Gestalt ihres Vaters oder ihrer Mutter ins Zimmer kommt und sie dafür schilt, dass sie jetzt nur ein Buch lesen, nur auf dem Sofa sitzen oder nur ein Fernsehprogramm sehen. Es gibt doch Wichtigeres zu tun! Die Mutter selbst hatte vielleicht viele Kinder, und sie war selber verschlissen und meist nervös; der Vater möglicherweise war überlastet, musste ständig Überstunden machen, und wenn er nach Hause kam, war er missmutig. Die Kinder sollten mitarbeiten, nicht herumfaulenzen und den Eltern auf der Tasche liegen. Ein Kind, das zur Schule geht, muss aber Bücher lesen dürfen; es muss Freude haben an geistigen Dingen. Alles war legitimationsbedürftig, nichts war selbstverständlich. Und diese Mechanik aus Verboten und inneren Zwängen, aus Anforderungen und Überforderungen läuft ständig weiter bis ins Erwachsenenleben. Eine Frau, die so groß geworden ist, sieht, dass ihr Mann irgendetwas macht; schon muss sie aufspringen und auch was tun; sie darf nicht als untätig entdeckt werden. Es ist sehr schwer, Menschen dahin zu begleiten, dass sie sich endlosen Schuldgefühlen und Selbstvorwürfen zu widersetzen lernen und dass sie sich die Erlaubnis geben – zu ruhen! Geistig kann dann das Vorbild des siebenten Tages tatsächlich hilfreich sein, denn dieselben Eltern, die so überanstrengt waren, erwiesen sich mitunter als recht fromm. Der Sonntag war – vor allem auf dem Lande – wirklich geheiligt. Man ging morgens in die Kirche. Da war nichts zu tun. Man konnte wohl auch auf dem Feld arbeiten, aber nur dann, wenn es erzwungen war durch dräuende Gewitter am Himmel, wenn die Ernte unbedingt noch eingebracht werden musste vor einem Wetterumschwung. Ansonsten hatte man an diesem Tag, am Sonntag, Ruhe zu halten – und man tat es.

Wenn ich mich an die Sonntage meiner Kindheit erinnere, so muss ich sagen: Das war für mich oft wie eine »bleierne Zeit«. Vormittags Gottesdienst, Mittagessen mit Nachtisch, Kaffeetrinken mit Sahneku-chen, bei schönem Wetter Spaziergang oder Treffen mit Freunden, die sich auch langweilten. Man hatte kein schlechtes Gewissen, dass man nichts tat, und man sollte sich ja auch erholen und bewusst nichts tun, aber langweilig war es eben doch.

Offensichtlich darf man ja auch seine Aktivitäten begrenzen und sich sagen: Es muss mal Schluss sein. Es würde nichts verbessern, wenn wir überall tätig blieben, sondern die Dinge müssen mal ein Recht haben, selber zu laufen. – Übrigens scheint mir das ganze Geheimnis des schöpferischen Arbeitens in diesem Moment zu liegen. Manche Kollegen kenne ich, die niemals etwas geschrieben bekommen. Ich halte sie für wesentlich intelligenter als mich selber. Ihre mangelnde Kreativität ist darauf zurückzuführen, dass – kaum haben sie den Bleistift in die Hand genommen – inwendig ein Zerstörungsprozess des Perfektionsanspruchs abläuft. Ist das ein vernünftiger Satz? Hat das überhaupt einen Sinn? Steht das nicht längst schon irgendwo? Die permanente Selbstkritik ist zer-störerisch für alles Werdende. Und dann ist es, wenn man ein Buch schreibt, ganz unmöglich, von sich selber zu verlangen, dass man eine Sache vollständig und nach dem neuesten Kenntnisstand abhandelt. Das ist nicht möglich. Ich spreche jetzt einen Moment lang von mir selber. Wenn ich ein Buch schreibe, muss irgendwann der Zeitpunkt kommen, wo ich mich weigere, noch weitere Literatur zu lesen. Das ist vor allem bei Beschäftigung mit Naturwissenschaften unerlässlich; jeden Tag erscheint irgendetwas Neues, also kann das Buch niemals zu Ende kommen. Irgendwann muss man sich deshalb sagen, dass jetzt Schluss ist. Kurz: Man muss etwas für fertig erklären, das tatsächlich nicht fertig ist – und das ist die Bedingung aller kreativen Vorgänge. – Gott ist in diesem Sinne sehr kreativ. Er erklärt einen Vorgang einfach für fertig. In der Schöpfungsgeschichte heißt es, dass Gott alles ansah, was er gemacht hatte – »und siehe, es war sehr gut«.

Es gibt einen jüdischen Witz, der sich darüber lustig macht: Ein Rabbi bestellt einen Anzug beim Schneider, und der will ihn in angemessener Zeit auch fertig haben. Der Rabbi verreist und kommt wieder, findet aber seinen Anzug nicht fertig vor. »Wie lange wird es dauern, Meister?« Und der sagt: »Eine Woche, zwei Wochen.« Der Rabbi kommt wieder, und der Anzug ist immer noch nicht fertig. Er knurrt: »Gott erschuf die ganze Welt in sieben Tagen und du nicht einmal meinen Anzug.« – »Ja, aber schauen Sie sich an die Welt – und dann sehen meinen Anzug!«, sagt der Schneider.

Vom unbekannten jüdischen Rabbi zu einem berühmten Dichter deutscher Sprache, zu Rainer Maria Rilke. Da spricht im Stundenbuch ein Mönch zu Gott und im Buch von der Pilgerfahrt heißt es, in etwas gekürzter Form zitiert: »Du bist, der niemals Sonntag hat. / Wenn bei uns Mühle steht und Säge / und alle trunken sind und träge, / dann hört man deine Hammerschläge / an allen Glocken in der Stadt.«

Rilke will sagen, es gibt etwas, das aus der Stille redet, aus dem Stillstand schafft, aus dem Nichtwirken das Wirkliche formt. Es ist die Art, wie Gott wirklich wirkt. Er arbeitet nicht, aber er gestaltet. Er verändert nicht, aber er verwandelt.

Gerade, wenn Gott sich zurückzieht, wenn alles stillzustehen scheint und nur die »Glocken in der Stadt« zu hören sind, kann es sein, dass er das Allerwichtigste und Beste schafft. Der chinesische Weise Laotse meinte einmal: Durch das Nichthandeln ist alles gemacht. Ein paradoxer Satz. Immer, wenn wir ein Problem vor uns sehen, konzentrieren wir die Kräfte, planen wir Maßnahmen, arbeiten wir dagegen. Das mag bei allen von außen verursachten Problemen oder Aufgaben auch hilfreich sein. Aber die meisten Probleme schaffen wir uns selber, aus dem Inneren. Wenn wir als Person mit uns selber zerfallen sind, nicht mit uns identisch sind, ist das, als wenn ein Rad, dessen Achslager nicht richtig justiert ist, auf immer höhere Geschwindigkeit gedreht wird. Es wird immer mehr ins Schlackern kommen, es wird nicht ruhig laufen, sondern am Ende sich selber aus der Verankerung reißen. So ist es bei uns auch. Wir glauben, durch immer mehr Tun am Ende bessere Ergebnisse zu erzielen. Das aber kann nicht stimmen, wenn unser ganzes Leben nicht stimmt.

Vor einer Weile sprach ich mit einer Mutter, die darunter leidet, dass ihr Kind so unruhig ist, so unberechenbar, aufsässig auch. Die Wahrheit ist: Das Kind ist nur das Spiegelbild der Mutter. Sie selber ist viel zu aufgeregt, viel zu launisch und wechselhaft. Sie möchte so viel und meint es gut, aber dann kommt es ein bisschen anders, und sie gerät aus der Fassung. Und das Kind übernimmt einfach diese Art. Als der Frau das bewusst wird, macht sie sich noch schwere Vorwürfe. Aber von Schuld ist nicht die Rede! Wohl aber geht es tatsächlich um Zusammenhänge, die bestehen: Das Kind wird nur so ruhig werden, wie die Mutter selber ruhig ist. Und insofern ist dieser Satz vollkommen richtig: Das beste Wirken ist das Nichtwirken, das einfache Dasein, das Dabeisein.

Wir fangen an zu begreifen, dass die ersten drei Gebote die Basis für alles Richtige sind. In der bürgerlichen Mentalität hält man diese drei Gebote eher für überflüssig: Wenn nur die Moralgesetze im Umgang miteinander funktionieren! Aber die Bibel hat Recht: Ohne die ersten drei Gebote kann nichts richtig werden. Die besten Gesetze werden aus dem Ruder laufen, wenn ein Mensch nicht in Gott und damit in sich selber festgemacht ist.

Hatte für die Juden das Sabbatgebot auch eine politische Dimension, eine Vorschrift und einen damit verbundenen Verhaltenskodex, mit dem man sich bewusst von anderen unterscheiden will?

Man will nicht sein wie die anderen Völker. Und dieses Anderssein, diese Identität durch Abgrenzung, liegt für den gläubigen Hebräer in der Bibel in seinem Gottesglauben. Aber der muss sich zeigen. Alle Völker glauben an irgendwelche Götter. Woran macht sich fest, dass unser Gott der einzige Gott ist? Wo liegt das Unterscheidende? Da wird in der Zeit nach dem babylonischen Exil, am Ende des 6. Jhs. v. Chr., als die Zehn Gebote in der heutigen Form kodifiziert werden, das Sabbatgebot immer wichtiger. In der Form haben es die anderen Völker nicht, sie haben andere Zeitzyklen, andere Feiertage. Aber wir haben den Sabbat. Und deshalb gibt es in den letzten Jahrhunderten vor Christus eine unendliche Kette von zusätzlichen interpretierend-verschärfenden Geboten, was man am Sabbat alles *nicht* tun darf. In den Tagen Jesu wird debattiert, ob ein Schneider eine Nähnadel bei sich führen darf, ob man das Ei nehmen kann von einer Henne, die am Sabbat gelegt hat. Das hört im Übrigen anscheinend bis heute nicht auf. Es gab vor ein paar Jahren eine ernsthafte Diskussion, als Schnee gefallen war in Jerusalem, ob die Kinder in Mea Shearim, im Orthodoxenviertel, am Sabbat eine Schneeballschlacht machen dürfen. Dürfen sie nicht, war die Erklärung.

Die Christen hatten den Sabbat nicht übernommen, sondern den Sonntag dafür eingesetzt, und sie beriefen sich nicht länger auf die Schöpfungsordnung, sondern auf die Auferstehung Jesu. Die christliche Woche endet nicht mit dem Sonntag, sie beginnt mit dem Sonntag: mit der Auferstehung und dem neu erstandenen Leben aus dem Tode. Mit der Auferstehung ist eine neue Schöpfung angebrochen, ein Neuanfang gemacht. So im Christentum; deshalb nicht der Sabbat, sondern der Sonntag.

Die Auseinandersetzungen mit dem Judentum werden gegen Ende des 1. Jahrhunderts besonders rabiat geführt, und man zieht

Jesus im Neuen Testament wegen des Sabbatgebotes immer wieder in eine Kontroverse hinein. Seine Jünger beispielsweise – so im 2. Kapitel bei Markus – raufen Ähren. Sie haben Hunger und begehen infolgedessen eine ganze Reihe von Gesetzesverstößen gleichzeitig: Sie gehen, wo sie nicht gehen dürfen. Sie reißen Ähren aus und arbeiten in diesem Sinne, was nicht erlaubt ist. Sie eignen sich fremdes Eigentum an, weil sie ja nicht gesät haben und dies nicht ihr Acker ist. Sie mahlen das Korn aus der Ähre wie ein Müller – und arbeiten schon wieder. Sie essen – das wäre erlaubt, wenn die Ähren nicht gestohlen wären. Das alles wirft man Jesus und seinen Jüngern vor. Die Antwort, die Jesus gibt, ist beispielhaft: Er zitiert an dieser Stelle die Bibel selber. Es geschah einmal, so Jesus, dass David mit denen, die bei ihm waren, in das Heiligtum von Nob eindrang und dort, weil sie nichts zu essen hatten, die Schaubrote entwendete und seinen Leuten zu essen gab. Die Schaubrote sind in etwa so heilig wie für einen Christen im katholischen Glauben die Eucharistie, die geweihte Hostie, oder das Brot in der protestantischen Abendmahlsfeier. Die Schaubrote sind keine Hostien, aber sie sind damit doch ein Stück weit vergleichbar. David hat dieses Sakrileg auf sich genommen. Er hat das Heilige profaniert und das Gesetz gebrochen. David hat das getan, weil ihn hungerte. Die Jesusüberlieferung nimmt diese Begebenheit nun zum Vorbild und erklärt: Wenn David das durfte, gilt es doch generell: Menschen, die Hunger haben, dürfen am Sabbat sich Nahrung beschaffen. Und Jesus sagt zu den Pharisäern: Der Sabbat ist für den Menschen da, nicht der Mensch für den Sabbat. Soll heißen: Alle Gesetze sind zu befragen auf ihre lebendige Wirksamkeit für das menschliche Leben. Helfen sie oder zerstören sie? Fesseln sie oder machen sie frei? Fördern sie Güte und Verständnis oder strangulieren sie die Menschlichkeit?

Das Ährenraufen am Sabbat lässt mich an eine andere Geschichte denken, nämlich an die Heilung eines Mannes, die Jesus ebenfalls an einem Sabbat vornimmt.

Im 12. Kapitel des Matthäus-Evangeliums heilt Jesus einen Mann, der eine verdorrte Hand hat. So ähnlich steht das auch im 3. Kapitel bei Markus. Und gleich regt man sich wieder auf: Warum muss das sein am Sabbat? Jesus denkt offenbar: Gott wird nicht ruhen am Sabbat, wenn er einen Menschen leiden sieht und er ihm helfen will. Keiner darf Ruhe finden, solange Menschen leiden und er ihre Qualen um auch nur eine Stunde verkürzen könnte. In diesem Sinne kann Jesus sich auf die Liebe Gottes berufen, die jedes Gesetz überschreitet, das er den Worten nach erlassen hat. Matthäus fügt an dieser Stelle etwas ein, das religionsgeschichtlich interessant ist. Er lässt Jesus sagen, was bei Markus so nicht steht: Wer ist unter euch, der sein einziges Schaf, wenn es ihm am Sabbat in eine Grube fällt, nicht herausholt? Es ist nicht verboten, ein Schaf aus dem Brunnen zu holen, es ist aber auch nicht erlaubt. Es ist ein juristischer Streitfall unter den Gesetzesauslegern. Das Wort Jesu spielt ganz offensichtlich auf einen Passus an, der in den Regeln der gesetzestreuen Essener steht. Da wird ausdrücklich der Fall genannt, dass ein Schaf verunglückt und in den Brunnen fällt. Jesus will offensichtlich sagen: So verrückt seid ihr doch nicht! Ihr seid doch nicht Gesetzesfanatiker wie die in Qumran. Ihr seid doch normal denkende Menschen. Wenn man ein Schaf retten kann, schon aus Besitzgründen, nicht einmal, weil einem das Schaf Leid täte – was noch besser wäre –, wie dann erst bei einem Menschen!

Wir müssen dieses Wesentliche an der Stelle noch herausarbeiten. Es geht um die Frage: Wie interpretiert man Gesetze? Jesus bricht formal an dieser Stelle das Sabbatgebot mit dem Anspruch der Menschlichkeit. Das Tödliche in allen Gesetzen liegt darin, dass sie auftreten mit dem Anspruch des Richtigen: Man muss sie nur befolgen, dann kann man nichts falsch machen. Ihre Verführungskraft liegt darin, dass die Gesetze das Verhalten der Menschen ordnen und normieren; deshalb darf es keine Ausnahmen geben. Alle sind verpflichtet, die Gesetze einzuhalten. Das ist Moral, wird gesagt. Nun kann es aber sein, dass Gesetze selber unmoralisch sind. Zum Beispiel: Im Nationalsozialismus wurden Gesetze erlassen, die gegengöttlich waren. Die »Rassengesetze« von 1935 waren erkennbar nicht nur unchristlich, sie waren unmenschlich! Oder nehmen wir die Zwangsvereidigung aller auf den »Führer«, also auf seine Person! Das war demütigend, unwürdig, gegen alle staatsbürgerlichen Regeln – mit all den Folgen, die sich dann daraus ergaben. Man konnte das schon weniger als zwei Jahre nach der »Machtergreifung« wissen. Aber einen Protest der Kirchen dagegen gab es nicht! Im Gegenteil: Die Kirchen unterstützten die Zwangsvereidigung zum Wehrdienst, fanden den Gehorsam gegenüber Adolf Hitler völlig in Ordnung. Es gab keinen Widerspruch, selbst bei Gesetzen, die erkennbar falsch und unmenschlich waren. Wenn es schon so schwer ist, Gesetze zu brechen, die erkennbar vom »Teufel« sind, wie schwer mag und muss es dann fallen, Gesetze zu brechen, die von »Gott« sind – deren allgemeine Vernunft man durchaus begreift, doch deren Grausamkeit bei ihrer Anwendung im Einzelfall evident ist?

Ich möchte noch einmal zum Wortlaut des 3. Gebotes zurückkommen. Es bezieht sich ja auch auf die Tiere, aber nach denen werden dann noch die »Fremdlinge« genannt, heute würde man vielleicht Zugewanderte oder Asylanten sagen.

Es gibt in diesem 3. Gebot eine zweifellos soziale Komponente. Es gilt ja nicht nur für die Herren, es gilt auch für die Knechte und die Mägde, es gilt für das Vieh und es gilt – wie Sie sagen – ganz zuletzt für die »Fremdlinge«. Übrigens zeigt sich an diesem Wort, dass die Gesetze nicht am Sinai erlassen worden sein können. Fremdlinge sind überhaupt erst denkbar, nachdem Israel sesshaft im »gelobten Lande« wohnte; die Verbindung mit der Wüstenwanderung ist mythische Verklärung. – Aber denken wir einmal daran, dass gerade den Fremdlingen zur Rechtfertigung ihres Aufenthalts Arbeiten abgefordert wurden, vor allem unangenehme, die man selber nicht sehr gern tat. Dann bedeutet es sehr viel, zu sagen: Wir wollen, dass auch die Fremdlinge einen Tag lang ruhen, auch die Mägde und die Knechte. Wir wollen nicht, dass sie permanent ausgebeutet werden. Im 5. Buch Moses (10, 19) heißt es ausdrücklich, man solle die »Fremdlinge lieben«, sei doch Israel selber Fremdling gewesen in Ägypten. Im Grund sind wir ja alle »Fremdlinge« auf Erden, – ganz wie die Pro-Asyl-Bewegung sagt: Wir alle sind Ausländer – allerorten!

Und auch die Tiere werden mit einbezogen! Auch das kann wieder im Sinnvollen liegen oder im Unsinnigen. Darf man eine Kuh melken, wenn Sabbat ist – nein, darf man nicht, sagen die Orthodoxen. Soll sie jetzt da stehen und vor Schmerzen schreien bei prallem Euter, dass sie nicht gemolken wird, bloß weil Sabbat ist? Das verdrehte den Sinn des ganzen Gesetzes. Aber richtig ist es, dass auch die Tiere am Sabbat keine Arbeit tun sollen, dass sie geschont werden, dass man sie nicht nur als Arbeitsvieh betrachtet.

Es gibt eine kleine jiddische Erzählung, die da hinein gehört. Ein Jude im Chassidischen – also im osteuropäischen Judentum – sieht, wie ein anderer auf dem Kutschbock auf sein Pferd einschlägt und es antreibt, und er fragt: »Was ist denn los?« Und der sagt: »Der Sabbat bricht an.« Er aber sagt ihm: »Das musst du dem Pferd auch sagen.« Das soll heißen: Das Pferd kann sich nicht freuen über den Sabbat, wenn es mit solcher Qual dahin getrieben wird. – Es gibt noch eine schöne chassidische Erzählung, wie man mit dem Sabbat richtig umgeht: Zwei Juden debattieren darüber, wer ihr größter Rabbi sei. Der eine sagt: »Ganz klar: meiner. Er kommt in ein Dorf, legt einem kranken Mädchen die Hand auf, es wird gesund. Er sieht hungernde Kinder, er verteilt Brot. Wir brauchen gar nicht zu diskutieren.« – »Nein«, sagt der andere, »mein Rabbi ist der größte.« – »Kann nicht sein.« – »Doch, höre zu! Fuhr unser Zug von Lodz nach Lublin, mitten im Winter, die Gleise waren verweht, so dass der Zug nicht weiterkam. Die Männer fluchten, schaufelten in den Gleisen rum. Die Frauen froren und weinten, die Kinder schrien. Endlich waren die Gleise frei – aber der Sabbat war angebrochen, wo kein Rad sich drehen und kein

Zug fahren darf. Was tat da mein Rabbi? Höre – ein großes Wunder: Er sprach den Sabbatsegen über alle. Und jetzt vernimm: Links vom Gleise stand der Sabbat, rechts vom Gleise stand der Sabbat, und mitten hindurch fuhr unser Zug.« Der Witz ist deshalb so schön, weil jeder Jude dabei natürlich an den Durchzug durch das Rote Meer denken wird. Wenn Frauen weinen, Männer schuften und Kinder frieren, dann besteht das beste Sabbatgebot darin, das zu tun, was ihnen aus der Klemme hilft. Nicht der Wortlaut des Gesetzes entscheidet, sondern der Sinnzusammenhang des Lebens.

Wenn wir uns nun fragen, ob es überhaupt vermeidbar ist, dass am Sabbat – am Sonntag – gearbeitet wird, müssen wir nicht erst in die Industrielandschaft hineinschauen, die »gleitende Arbeitszeiten« notwendig macht. Ich entsinne mich selbst noch an meinen Heimatsort Bergkamen. Natürlich musste am Sonntag die Kokerei weiterbeschickt werden, die Zellen durften nicht ausglühen. Natürlich ging die Produktion unter Tage weiter, die Stahlkocher arbeiteten in Dortmund, man konnte das am Himmel sehen, wenn die Thomasbirnen durchgeblasen wurden. Andere Tätigkeiten waren schon immer unbezweifelbar nötig. Dass Ärzte und Krankenschwestern sonntags zumindest ihren Notdienst weiterverrichten, ist selbstverständlich. Mit einem Wort: Eine gleitende Arbeitszeit ist in manchen Berufssparten seit eh und je unvermeidbar. Mir scheint deshalb, dass es nicht richtig ist, wenn die Kirchen behaupten, der Sonntag gehöre ihnen, und der müsse unangetastet bleiben. Ich glaube, viel wichtiger ist, dass wir die Menschen lehren, ihren eigenen Rhythmus zu finden, der ihnen sagt, wann Ruhe geboten ist von innen her. Immer gibt uns der Körper die richtigen Signale, wenn wir müde werden, wenn wir uns überfordert fühlen, wenn der Rücken beginnt, wehzutun oder die Beine oder der Kopf. Wenn das Herz anfängt, seinen Rhythmus zu verändern, wird es höchste Zeit, den Rhythmus in der Zeit wiederherzustellen. Und dass wir die Erlaubnis gewinnen, auf diese Signale unseres eigenen Körpers, unserer eigenen Seele achtsam zu werden, ist die erste Bedingung einer richtigen Sabbatinterpretation. Wann darf man, wann muss man, wann kann man aufhören? Wann hat man die Erlaubnis dazu? Hoffentlich ja nicht erst, wenn der Arzt uns krankschreibt, denn dann ist es eigentlich zu spät. Man sollte so leben, dass man nicht krank wird. Der Sabbat ist insofern wirklich ein Gesetz zum Lebenserhalt.

Aber der Erhalt der Gesundheit und die Sinnerfüllung des Lebens sind in der Wirtschafts- und Gesellschaftsordnung heute von vielen Seiten her bedroht.

Man sieht, dass der Kapitalismus zur Profitmaximierung einerseits die Produktion immer mehr steigert und dass er umgekehrt die Menschen aus dem Produktionsprozess in immer größerer Zahl wieder ausspuckt. Viele werden »freigesetzt«, wie es so schön heißt –: ein ewiger Sabbat sozusagen. Sie sind erst fünfzig, aber sie werden schon nicht mehr benötigt, sie werden zum alten Eisen geworfen. Man macht Menschen funktionslos, man bringt sie um ihre Sinnerfüllung, man frustriert sie in allem, was sie einmal gekonnt haben und der Menschheit noch geben könnten. Und dann sollen die Leute, die Arbeit haben, endlos arbeiten, nach neueren Vorschlägen am besten bis 67 oder noch länger. Dieser Missbrauch von Menschen ist im Sabbatgesetz nicht unterzubringen, ganz im Gegenteil. Im 5. Buch Moses (5, 15) heißt es recht präzis, dass Knecht und Magd am Sabbat ruhen sollen »wie du«. Wenn man so will, vermittelt das Sabbatgebot eine erste Ahnung von der prinzipiellen Gleichheit aller Menschen. Es mag unterschiedliche Funktionszuweisungen geben; doch spätestens am Ruhetag Gottes sollten wir merken, dass alle sozialen Unterschiede nicht das Wesentliche sind. Wesentlich ist das »Wie du«: Auch du warst (bist) ein Fremdling, auch du warst (bist) ein Knecht. Was uns alle gemeinsam leben lässt, ist allein eine bedingungslose Erlaubnis zum Sein, eine Entlassung in die Freiheit.

Dabei fällt es vielen Menschen sehr schwer, ihr »Knechtsein« abzulegen. Wie man »sinnvoll« lebt, haben ihnen stets die vorgegebenen Ziele anderer gesagt, es war sozusagen ihr Glück, wie ein Hund dem Stock ihres »Herrchens« hinterherzuspringen.

Jetzt aber sollen sie selber die Rolle des »Herrn« in ihrem eigenen Dasein übernehmen. Plötzlich gibt es die Welt der Zwecke und der funktionalen Zusammenhänge nicht mehr. Dann gilt es, die Zweckfreiheit des Lebens und im Leben zu lernen: die dankbare Freude an dem Schimmer der Sterne, die niemandem dienen und nur einfach sind; das betrachtende Glück beim Anblick des Meeres, das nur kommt und geht, wie der Mond es zieht; und schließlich die bescheidene Zufriedenheit mit einer Muschel am Strand oder einer Kastanie am Weg, die man mitnimmt nur ihrer Schönheit wegen. Sabbat – das ist ein Gefühl dafür, dass diese Welt trotz allem wert ist zu sein.

4 | Das vierte Gebot

Du sollst deinen Vater und deine Mutter ehren, auf dass du lange lebest in dem Lande, das dir der Herr, dein Gott, geben wird.

Herr Drewermann, ich denke, dass dieses Gebot etwas zu tun haben muss mit jahrtausendealter Tradition und mit der Autorität, die Eltern nun einmal ganz natürlich besitzen.

Wir sagten eingangs bereits: Die Moral im Umgang von Menschen mit Menschen, von Artgenossen untereinander also, ergibt sich vor dem Hintergrund der Verhaltenspsychologie der Tiere, aus deren Reihe wir selber stammen. Und wir können in der Tierpsychologie durch die Verhaltensforschung lernen, dass Anerkennung von Autorität ein ganz wichtiges Moment für den Zusammenhalt von Gruppen darstellt. Die antiken Kulturen waren in einem uns heute schwer vorstellbaren Maße abhängig von Tradition und konnten sich so gegenüber dem Strom der Zeit in einer viel größeren Konsistenz und Unveränderlichkeit definieren. Der Erhalt der Gesellschaft basierte auf Anerkennung des Alten und der Alten. Es gab eine Zeit, in welcher nur wenige Menschen in der Oberschicht lesen und schreiben konnten und in Form der Schrift wichtige Inhalte der Vergänglichkeit und der Vergesslichkeit der Zeit entreißen konnten. Die Hauptleistung vor der Erfindung der Schrift liegt in der phantastischen Erinnerungsstärke derer, die wir in der Bibel als Alte bezeichnet finden, genauso wie im Alten Ägypten oder im Alten Babylon. Sie sind die Hüter der Tradition, die aus ihrem Munde den Kindern weitergegeben wird. Deswegen wurde es als zerstörerisch empfunden, wenn die Kette des Vertrauens, auch der Abhängigkeit in gewissem Sinne und die »Hörsamkeit« der Jüngeren gegenüber den Alten schwinden sollte. Darin liegt eine gültige bleibende Wahrheit: Eine Zeit, in der die Jungen nicht mehr lernen wollen von den Alten, beraubt sich selber ihrer Zukunft.

Ist das eine Erkenntnis, die ganz allgemein gilt, also auch schon für die alten Kulturen Gültigkeit hatte?

Wenn wir etwa die über 3 000 bis 4 000 Jahre ägyptischer Kultur betrachten, so sehen wir enorme Veränderungen, aber wir sehen sie so, dass das Alte immer mit tradiert wird, auch modifiziert wird durch Hinzufügungen, die das Vorhandene ergänzen und bereichern; aber es wird nie substanziell etwas weggenommen oder verleugnet oder zerstört. Wenn das 4. Gebot verspricht, dass man sesshaft werde im Lande der Verheißung, ist das wieder eine Rückwärtsprojektion, die das Gesetz des Kulturlandes in die Wüstenwanderung zurückverlegt und damit die Ordnung, die jetzt walten soll, selber als die einer schon überkommenen Zeittradition zu legitimieren versucht. Wahr ist nach diesem Empfinden, dass man sesshaft und in sich ansässig nur wird, wenn man im Strom der Zeit seine Identität findet. Alles Leben ist sich erhaltende Struktur. Durch Anpassungsvorgänge und neue Erfahrungen bleibt das Überkommene im Gleichgewicht, im Leben der Menschen wie der Tiere. Und dafür spricht im Grunde das 4. Gebot: Respekt vor der Tradition und deswegen Respekt vor den Hütern der Tradition, den Alten. Gehorsam bedeutet da Lernbereitschaft durch Hören, das heißt: Die mündliche Überlieferung ist der Kern der Vermittlung.

Lassen Sie uns diesen Gedanken noch etwas ausführen. Wir Menschen haben unsere Kenntnis der Welt enorm erweitert durch die Sprache. Wir können alles, was wir gelernt haben, sprachlich weitervermitteln, und wir können sogar das Gesprochene konservieren durch die Schreibkultur. Wir haben heute durch die neuen Speichertechniken sogar noch einmal eine Revolution vollzogen: das Gedächtnis ins schier Unbegrenzte zu internationalisieren im Internet. Das sind Sprünge der Tradition, die nun freilich auch unsere Einstellung zum 4. Gebot noch einmal ändern. In einer Zeit, die sich langsam verschiebt und ändert, ist eine Orientierung am Vergangenen zum Gewinn des Zukünftigen nicht nur empfehlenswert, sondern geradewegs unvermeidbar. Wir sind demgegenüber heute hineingestellt in eine sehr schnelllebige Zeit. – Dieser Tage las ich in einem Buch über Psychosomatik, dass ein Medizinstudent, der sechs Jahre lang an der Universität lernt, im 6. Semester schon neu lernen müsste, was er im 1. Semester gelernt hat. Alle drei Jahre verschiebt sich im Wesentlichen der Lernstoff in der Medizin. Und das ist in fast allen Naturwissenschaften so. Das Tempo der Veränderungen wird allein durch die Vermehrung des Wissens ins fast Unvorstellbare hineingetrieben, und aus dem Wissen werden neue Technologien geboren, wird das soziale und kulturelle Leben verändert – kurz: Man kann die Frage, wie wir die Zukunft gewinnen, nicht mehr, wie früher, vorwiegend mit dem Blick nach rückwärts beantworten.

Und was haben dieses Erkenntnisse nun mit dem 4. Gebot zu tun?

Die Jungen dürfen nicht mehr einfach nur auf die Alten hören, sondern sie müssen zeitgleich auf das achten, was an neuen Angeboten existiert. Die Entwurzelung freilich, die daraus hervorgeht, ist nicht unbedenklich. Da müsste sich das 3. Gebot – das Ausruhen, das sich Einlassen auf, das Verweilen bei – neu hinzufügen. Das 3. und das 4. Gebot bilden da eine sonderbare Einheit im Fluss der Zeit. Es muss Ruhepunkte geben. Es darf das Leben sich nicht überrollen wie ein Wildbach, bei dem die eine Welle schneller wird als die nächste, ein Katarakt sich überstürzender Geschwindigkeiten. So darf das Leben sich nicht vollziehen. So verstanden, wäre das 4. Gebot insofern auch eine Warnung davor, das Gefüge zwischen Alt und Jung zu nivellieren und die Meinung zu vertreten, die Antworten der Alten seien schon dadurch als falsch erwiesen, dass sie alt sind. Das ist in unserer Kultur tatsächlich ein riesiges Problem geworden.

Es kommt ein anderes hinzu: Vollkommen unabhängig von dem hier gemeinten Sinnzusammenhang ist aus dem 4. Gebot etwas gemacht worden, vor allem in kirchlicher Hand, das zum

Aberwitzigen gerät. Statt Vater und Mutter zu ehren, hat man das 4. Gebot für die Kinder formuliert im Sinne einer reinen Gehorsamsethik: Man muss Vater und Mutter gehorchen, das ist daraus geworden. So steht es zwar nicht im 4. Gebot, aber in kirchlicher Anwendung ist das 4. Gebot fast allen, die christlich erzogen wurden, so eingebläut worden: Gehorsam! Natürlich ist es unvermeidbar, dass Kinder in gewissem Sinne gehorchen müssen, nämlich da, wo ihre eigene Erfahrung die Wirklichkeit noch nicht so überschaubar und erkennbar gemacht hat, dass sich bestimmte Gefahren, die schädigend oder tödlich sein könnten, vermeiden ließen. Ein Kind kann nicht wissen, warum es verboten ist, eine glühende Herdplatte zu berühren. Es kann nicht wissen, warum es Scheren oder Messer nicht anfassen soll. Es kann nicht wissen, warum es nicht einfach auf die Straße laufen soll. Würde es erfahren, was sich daraus entwickeln kann, könnte es zu spät sein. An all den Stellen soll das Gebot der Eltern das Kind vor Schaden bewahren. Aber alle Gebote des Gehorsams haben im Grunde einen Übergangswert in Richtung Mündigkeit, Selbsterkenntnis, eigenes Nachsinnen, Lernen aus Versuch und Irrtum, Zuständigkeit und Kompetenz für das eigene Leben. Sehr gefährlich wird es, wenn das 4. Gebot in diesem gegenüber dem Bibeltext verkürzten und fast pervertierten Sinn in eine reine Gehorsamsethik umgemünzt wird.

Ist diese »Gehorsamsethik« nicht auch ein Ausweis dafür, dass man im Grunde die Zehn Gebote insgesamt der bürgerlichen Moral dienstbar gemacht hat?

Das ist in der Tat so. Nachdem man die ersten drei Gebote zum Nebensächlichen erklärt hatte und gleich mit dem 4. begann, erklärte man den Menschen, sie müssten der Obrigkeit gehorchen. Der berühmte Verhaltensforscher Konrad Lorenz hat einmal gesagt, die Moral des Menschen wäre gar nicht schlecht, solange er es nur mit zwölf Menschen zu tun hätte, ungefähr in der Größe des Familienverbands. Dann stimmen die Verhältnisse; dann sieht man die Personen, mit denen man umgeht; dann kann man nicht ganz große Fehler begehen. Aber wenn man diese Gefühlslage auf Millionen Menschen ausdehnt und von »Vater Staat« das erwartet, was man zu Hause an Empfindungen und Hoffnungen seinem Vater entgegengebracht hat, ist die Enttäuschung groß, und auch die Fehleinstellung in der eigenen Lebensführung wird kaum erträglich. Genau das aber wird mit Berufung auf das 4. Gebot im bürgerlichen Zusammenleben verlangt. Das Kind schon soll die Schuldgefühle gegenüber seinen Eltern mitnehmen in den Beichtstuhl für die Zeit, noch bevor es erwachsen wird, wenn es gegenüber kirchlichen oder staatlichen Autoritäten ungehorsam ist. Mit einem Wort: Es geht gar nicht mehr darum, dass man den Eltern gehorcht, es geht darum, dass man in den Eltern Gott gehorcht; die Vaterautorität bekommt plötzlich als Kirchengehorsam, als Papstunterwerfung eine göttliche Überhöhung. Und die Rückkopplung ist sofort mitgegeben: Auch der Gott, an den dann geglaubt wird, trägt dieselben autoritären Zwangszüge, die im eigenen Vater angeschaut wurden; die Vaterautorität wird göttlich und die göttliche Autorität wird patriarchal. Die Gesellschaftsstruktur, die sich daraus ergibt, ist dann dementsprechend – autoritär, außenlenkend, entfremdend.

Anfang der 70er Jahre startete an der amerikanischen Yale-Universität der Forscher Stanley Milgram sein berühmtes Experiment »Abraham«. Dabei ging es um Gehorsam und um die Bereitschaft des Menschen, gehorsam zu sein.

Milgram wollte einfach wissen, was aus ganz normalen Menschen wird, wenn man sie unter Gehorsamsforderungen stellt. Er hatte überhaupt keine Schrecken einflößende Autorität nötig. Er ersann sich ein Experiment, in dem Ärzte, Wissenschaftler, Forscher einer Gruppe von Menschen beibringen, dass sie für den Fortschritt der Wissenschaft etwas unverzichtbar Wichtiges zu leisten hätten. Sie sollten nämlich das Lernverhalten von Menschen prüfen: »Das Lernen – ihr versteht – ist entscheidend für alle Kultur, für die ganze kommende Generation. Nichts ist wichtiger zu wissen, als wie Menschen das Lernen lernen, und das probieren wir heute.« Die Teilnehmer sollten mit Elektroschocks Versuchspersonen, die nicht richtig lernten, bestrafen. Und die Skala der Elektroschocks begann mit ein paar Volt bis hinauf zu 500 Volt. Was die so eingesetzten Hilfspersonen des Experiments nicht wussten, war, dass das Experiment im Grunde an ihnen ausgeübt wurde. Die vermeintlichen Probanden waren Schauspieler; die Elektroschocks wurden nicht wirklich verabreicht, aber über Tonträger wurden Hilfeschreie mitgeteilt. Die Leute, die das Lernverhalten kontrollieren sollten durch entsprechende Strafen, mussten glauben, sie brächten bei 200 oder 300 Volt die entsprechenden Menschen in Todesgefahr; und das Unglaubliche: Sie fügten ihnen nicht nur schwere Schmerzen zu, sie riskierten deren Leben. Eben das wollten Milgram und sein Team herausfinden: Wie weit werden Menschen gehen, wenn man ihnen sagt: »Du bist wichtig, du musst nur tun, was wir sagen!« Sie hätten nicht vermutet, dass Dreiviertel ganz normaler Bürger im Laufe eines Nachmittags bereit wären, zitternd, unter Schweißausbrüchen, mit allen Skrupeln einen Mord zu begehen, um vermeintlich der Wissenschaft zu dienen –, um gehorsam zu sein. Im Fall der Verweigerung hätten sie nicht einmal Strafen zu fürchten gehabt. Es gab keinerlei Zwang; es gab lediglich die Illusion, etwas Wichtiges für die Wissenschaft zu tun. Es genügte der Fetisch eines »Gottes in Weiß« oder auch nur von »Halbgöttern in Weiß«, um Menschen derartig zu verhexen. Milgram hat enorme Konsequenzen aus seinem Experiment gezogen. Er stand unter dem Eindruck der Verbrechen von My Lai. Amerikanische GIs hatten ein ganzes Dorf ausgerottet, etwa 500 Frauen und Kinder einfach niedergeschossen, die Bambushäuser verbrannt. Die amerikanische Armee hat das als Ausnahmeexzess einer durchgeknallten Einheit dargestellt. Aber Stanley Milgram empfand etwas ganz anderes: Man behauptet, dass Krieg aus

Aggressionen und aus ungelösten Konflikten komme; tatsächlich aber liegt die Bereitschaft zum Krieg in etwas ganz Simplem: im Gehorsam. Er macht es möglich, dass Menschen die ungeheuerlichsten Dinge tun, dass sie sogar bereit sind, die eigenen Überlebensinteressen dem Überlebensinteresse der Gruppe unterzuordnen. – Vor einiger Zeit sah ich in Halle nicht nur die wunderschöne Bronzescheibe von Nebra, sondern auch in einem Nebenraum ein Mammut dargestellt, das von Neandertalern angegriffen wird –, eine Gruppe von Menschen mit einfachen Stoßlanzen vor einem solchen Ungeheuer, das sie in einen Sumpf zu treiben versuchen – unter Lebensgefahr! Da begreift man, was es bedeutet, gehorsam zu sein. Es liegt sogar etwas wie Tugend darin: Selbstaufopferung, die Identifikation des Einzelnen mit der Gruppe, die Bereitschaft, alles Private zurückzustellen. Diese Angleichung an die Gruppe war wohl einmal eine Überlebensstrategie unserer Vorfahren; doch wenn sie absolut gesetzt wird, birgt sie enorme Gefahren in sich und ist in sich schon ein Prinzip der Unmoral. Nehmen wir nur den Nürnberger Prozess 1945–1947: – All die Nazigranden erklärten: »Befehl ist Befehl.« Selbst der Bomberpilot vom 9. August 1945 über Nagasaki, der 80 000 Menschen in wenigen Sekunden tötete, Major Sweeney, sagte noch 1995 im deutschen Fernsehen: »Jeder Soldat der Welt hätte so gehandelt. Es war ein Befehl.«

In dem Begriff »Gehorsam« liegt also, wenn ich das recht verstehe, eine Ambivalenz. Nun spricht der Apostel Paulus im 13. Kapitel des Römerbriefes davon, dass alle Obrigkeit von Gott sei und dass deshalb jedermann der Obrigkeit untertan sein solle!

Paulus will es offenbar vermeiden, dass die frühe Christenbewegung im Römischen Reich Verdacht macht, revolutionär zu sein. Das ist sie aber in Wirklichkeit. Sie akzeptiert den Kaiserkult nicht; sie will nicht, dass man zum Kaiser betet, wie wenn er Gott wäre. Und darin liegt der Verlust der zentralen metaphysischen Verankerung des riesigen römischen Imperiums: Es besteht in der Selbstvergottung. Ganz klar gesehen wird das in der Geheimen Offenbarung, auch da das 13. Kapitel. Da ist die römische Staatsmacht ein blutrünstiges Monstrum, ein Untier, dem man nicht gehorchen darf, wenn man die Botschaft Jesu verstanden hat. In einer bekannten Stelle bei Markus im 12. Kapitel wird Jesus gefragt: »Darf man dem Kaiser Steuern zahlen? Sollen wir sie zahlen oder dürfen wir nicht zahlen?« Und er antwortet typisch jesuanisch: »Gebt dem Kaiser« – man muss sagen »nur« – »was des Kaisers ist!« Und dann sagt er, wonach er gar nicht gefragt wurde: »Aber gebt Gott, was Gottes ist!« Soll heißen: Der Kaiser kann Geld drucken, und es gehört ihm infolgedessen. Aber er darf keine Macht über eure Seele und euer Leben gewinnen. In euch hat Gott sein Bild geprägt und so gehört ihr Gott. Ihr seid kein bloßes Austauschmaterial der kaiserlichen Selbstbereicherung. Das ist die Freiheit gegenüber allen Geboten, die von außen kommen, der Ungehorsam, der wesentlich darin liegt, ein Christ zu sein: niemals untertan zu sein; auch den irdischen Herrschern nicht zu erlauben, dass sie sich absolut setzten! Die Relativierung alles Irdischen liegt mit im 4. Gebot.

Könnte es sein, dass im 4. Gebot auch eine umgekehrte Blickrichtung liegt: von den Eltern auf die Kinder? Was wäre also, wenn es hieße: »Ehre deine Kinder, auf dass du lange lebest...«?

Wir sind jetzt dabei, dass wir ein Gesetz, das vor über 2500 Jahren einmal einen ganz bestimmten Sinn hatte, in unsere Zeit übertragen und in Problemstellungen hineinführen, die psychologischer und soziologischer Art sind. Wir haben eine veränderte Familiensituation, eine andere Kultur, eine andere Entwicklungsdynamik. Psychologisch müssen wir sagen, dass die Forderung nach Gehorsam natürlich ganz unterschiedlich erscheinen muss, je nachdem, ob ein Kind sich bei seinen Eltern geborgen oder eher ausgesetzt und rein dirigistisch behandelt fühlt. Wenn ein Kind sich geliebt fühlt, dann wird das, was Mutter und Vater sagen, als Ausdruck des Wohlwollens empfunden. Wenn sie also ein Gebot oder Verbot erlassen, wird das Kind das Vertrauen haben, dass die Eltern ihm gut wollen. Wenn es aber anders ist, dann kommt jedes Gebot oder Verbot auf den Prüfstand: Wem eigentlich dient es? Mir selber – dem Kind – oder bloß dem Machterhalt der Eltern? Je strenger die Gebote werden und je liebloser das Verhältnis zwischen Eltern und Kind gerät, desto größer wird die Reibung werden. Je stärker Zwang ausgeübt wird, desto sicherer wird der innere Protest, wird die Wut, der Widerwille, die Rebellion sich aufstauen, und die müssen wieder gebrochen werden durch verstärkten Einsatz von Gewalt. Auf diese Weise wird eine Gehorsamsstruktur gebildet, in der man sich dem Mächtigeren unterwirft, aber nichts als erstrebenswerter erscheinen lässt, als dann später selber eine Position der Macht zu erhalten.

Es ist das eines der ganz wichtigen Argumente gegen die Prügelstrafe, die wir in Schule und Familie – ich hoffe ein für alle Mal – hinter uns gebracht haben: Ein Kind, das man schlägt, wird nicht lernen, dass es etwas falsch gemacht hat, sondern dass der Mächtigere ein Recht hat zu schlagen. Wenn man erst einmal dahin kommt, selber den Prügel in die Hand zu nehmen, hat man offensichtlich jedes Recht. Eine unglaubliche, faschistoide Logik: Wer schlägt, hat Recht. Dahin darf es nicht kommen! Und diese Perversion des Gehorsams unter Missachtung des Kindes durch seine Eltern ist eine Missweisung für den ganzen Rest des Lebens.

Deswegen kann das 4. Gebot nur funktionieren, wenn man nicht einseitig, asymmetrisch, den Kindern Gehorsam auferlegt, sondern gefordert ist liebender wechselseitiger Respekt! Die Kinder werden ihn selbstverständlich haben den Eltern gegenüber, denn sie wissen, wie angewiesen sie darauf sind, dass ihre Geborgenheit in den Armen und an der Brust der Mutter liegt, an der Hand des Vaters sich findet. Und es wird dabei bleiben, wenn die Eltern ihre heranwachsenden Kinder lieben und ehren.

Oft ist es so, dass Kinder von den Eltern »vernutzt« werden für Wünsche, die sie selber haben, und für Zukunftspläne, die sie für die Kinder hegen, vielleicht auch deshalb, weil eigene Träume nicht in Erfüllung gegangen sind.

Oft wollen Eltern durch die Kinder etwas Unerreichtes doch noch erreichen. Die Kinder werden zum Elternsubstitut. Sie sollen die Nullstellen ergänzen und ausfüllen, die im Leben ihrer Eltern geblieben sind. Die Eltern lassen ihre Kinder nicht frei, sie zwängen sie in bestimmte Projekte und für bestimmte Zielsetzungen ein. Man hat eine Firma gegründet, und das Kind soll Nachfolger werden. Man hat eine Zahnarztpraxis aufgebaut, und das Kind studiert natürlich Zahnmedizin, um später die Nachfolge anzutreten. Man hat den Kindern den Weg geöffnet, und sie müssen eigentlich nur den gleichen Pfad weiterschreiten. Aber selbst wenn das mit viel Wohlwollen versucht wird, liegt darin Zwang, bildet sich im Erbe der Eltern eine schwer zu tragende Hypothek. Respekt vor den Kindern spricht sich darin aus, dass den Kindern ein begleitender, wohlwollender Hintergrund über das ganze Leben hin geschenkt wird. Eltern können in diesem Sinne neugierig bleiben, was in den Kindern sich entwickelt, so wie jener Kaktus, den man zur richtigen Zeit begießt, uns irgendwann das Wunder einer neuen Blüte schenkt.

Die meisten Probleme ergeben sich aus dem Gefühl des Nichtgeliebtwerdens, des Kämpfens um Anerkennung in einem Gefüge von Konkurrenz und Rivalität. Wenn die Frage der Eltern nicht ist: Wohin drücke ich mein Kind, dass es in meiner Passform am Ende das Bild abliefert, das ich mir drunter vorstelle? – sondern: Wie fördere ich die Anlagen, die in dem Kinde sind?, dann haben wir die Umkehrung des 4. Gebotes als Weisung für die Eltern. Die meisten Frauen sind dazu, glaube ich, besser befähigt als wir Männer. Mütter wissen in aller Regel, dass das zweite Kind, das sie zur Welt bringen, anders ist als das erste Kind. Und sie haben beim ersten Kind schon gelernt, wie behutsam und wie einfühlend man mit einem solchen Kind umgehen muss. Was will es spielen? Welche Gefühle hat es? Wie viel Nahrungs- und Schlafbedürfnis, wie viel Anlehnung und Nähe braucht es – und wie viel Eigenständigkeit? Das zweite Kind ist meistens deutlich anders. Es spricht viel früher, es benimmt sich anders, es zeigt ganz andere Aktivitäten. Das eine Kind ist ein Junge, das andere ein Mädchen: schon wieder ein ganz aufregender Unterschied! Mütter lernen ständig dazu durch Fragestellungen, die die Kinder ihnen aufnötigen. Sie entwickeln sich mit dem Kinde selber. Der Dichter Khalil Gibran hat in seinem Büchlein *Der Prophet* sehr schön gesagt: »Eure Kinder sind nicht eure Kinder. Sie sind die Söhne und Töchter der Sehnsucht des Lebens nach sich selber. Sie kommen durch euch, aber nicht von euch. Und obwohl sie mit euch sind, gehören sie euch doch nicht. Ihr dürft ihnen eure Liebe geben, aber nicht eure Gedanken, denn sie haben ihre eigenen Gedanken. Ihr dürft ihren Körpern ein Haus geben, aber nicht ihren Seelen, denn ihre Seelen wohnen im Haus von morgen, das ihr nicht besuchen könnt, nicht einmal in euren Träumen. Ihr dürft euch bemühen, wie sie zu sein, aber versucht nicht, sie euch ähnlich zu machen. Denn das Leben läuft nicht rückwärts, noch verweilt es im Gestern.«

Es gibt im Alten Testament, am Anfang des Buches Exodus, eine kleine Geschichte, die mir in den Sinn kommt, von der ich aber nicht sicher bin, ob sie hierhin gehört. Ich meine die Geschichte von der Pharaonentochter, die das Knäblein Moses findet.

Die Legende von der Tochter des Pharaos interpretiert das 4. Gebot auf sehr schöne Weise. Als sie das kleine Kind gefunden hat, übergibt sie es einer hebräischen Amme und sagt zu ihr: »Zieh es für mich auf!« Die christliche Überlieferung hat darin ein Vorbild für Erziehung überhaupt gesehen: Eltern sind in gewissem Sinne Stellvertreter und haben einen geliehenen Erziehungsauftrag. Im Grunde gehört ein jeder Mensch, gehört jedes Kind Gott. Und die Eltern sind nur die Wegbereiter einer Freiheit, die im Raume Gottes reift. – Sehr deutlich wird das im 2. Kapitel bei Lukas: die berühmte Szene, als Jesus zwölf Jahre alt wird und dann im Tempel zurückbleibt, nach der Wallfahrt seiner Eltern nach Jerusalem. Sie suchen ihn überall, vor allem Maria beklagt sich in bitteren Worten: »Warum hast du uns das angetan? Dein Vater und ich haben dich mit Schmerzen gesucht!« Doch Jesus entgegnet: »Wusstet ihr nicht, dass ich in dem sein muss, was meines Vaters ist?« Jesus will sagen: Ihr seid zwar meine Eltern, aber ihr seid nicht Gott. Und ich entdecke mich selber in meiner Freiheit in dem Raum, der meines Vaters ist. Ich entdecke Gott als meine Heimat. Dass ihr das vermittelt habt, soll euer Stolz sein. Das zu verhindern darf nicht sein und werdet ihr auch nicht können. – Ich habe zur Interpretation dieser Stelle versucht, mir ein Bild vorzustellen, das die Traurigkeit vieler Eltern beim Reifen ihrer Kinder ein Stück beantworten mag. So viel an Sorge liegt im Herzen von Müttern, von Vätern, wenn sie ihre Kinder freigeben müssen. Was wird aus ihnen werden? Man kann sie nicht mehr beaufsichtigen, und es kann so viel passieren. Ein wunderbares Mädchen – was kann aus ihm heute Nacht noch werden, wenn es später nach Hause kommt? Was wird aus dem Jungen im Kreise von Freunden, die er jetzt entdeckt? Wie viel Drogenabhängigkeit gibt es schon in den Schulen! Wie viel Wüstenei liegt in unserer Kultur! Mitunter helfe ich mir dann in Gesprächen mit der Geschichte vom zwölfjährigen Jesus im Tempel: Es ist ein Kind großzuziehen so ähnlich wie jemand, der Tauben züchtet. Er hat sie sehr gern, streichelt sie, füttert sie in seinem Schlag. Aber irgendwann werden sie groß, und er muss sie fliegen lassen. Er darf sie nicht im Schlag halten, es würde die Tiere quälen. Sie brauchen den ganzen Himmel unter ihren Flügeln und die Wolken über sich. Aber sie sind gefährdet. Auf den Feldern liegt Gift, Falken und Beutegreifer kreisen am Himmel und können niederstoßen. Wird das Täubchen wiederkommen? Das ist eine angstvolle Frage. Nur: Wer ein Täubchen haben will, muss es fliegen lassen und ein Risiko eingehen. Freilich kann man dann darauf vertrauen, dass im Kopf dieses Täubchens etwas wohnt, das wir bis heute nicht wirklich verstanden haben. Man kann eine Taube auflassen irgendwo im Häusermeer von Amsterdam, und sie wird das Unglaubliche vermögen, über Hunderte von Kilometern irgendwo in Berlin, im endlosen Häusermeer, einen winzigen Punkt, so groß wie ein paar Briefmarken, das Schlupfloch ihres Schlags, wiederzufinden, zielgenau; nach einer kurzen Orientierungsphase im Schwingen über dem Startgebiet wird die Taube in Vektornavigation gradlinig auf diesen einen Punkt zusteuern. Kein Mensch weiß bis heute, wie in den kleinen Taubenköpfen sich geographische Landkarten abbilden können und eine Orientierung möglich machen. Wie funktioniert das Heimfindevermögen von Tauben? Die Antwort – im übertragenen Sinne – wird lauten zum Trost für alle Mütter und Väter, dass Kinder dieses Heimweh nie verlieren werden, die Orientierung nach Hause, die Sehnsucht nach den Eltern. Die aber gehen auf einem Weg, den sie früher verlassen werden als ihre Kinder. Irgendwann kommt dieser Moment, da sie den Kindern vorausgehen, und es bleibt die Hoffnung, dass die Kinder dann ihren eigenen Weg weitergehen.

Im 2. Gebot ist die Rede vom Namen Gottes, der nicht missbraucht werden darf. Inwieweit ist der Name, den Eltern einem Kind mit auf den Lebensweg geben, von Bedeutung?

In allen Kulturen hat der Name einen hohen Stellenwert. Eltern benennen ihre Kinder, machen sie ansprechbar. Entscheidend ist dabei, dass der Name, der gegeben wird, nicht ein fertiger Funktionsbegriff ist, nicht zu einem Erwartungsinhalt wird: Das musst du für mich sein. Der Name bezeichnet ein Geheimnis, und im Grunde ist dies im Christentum bewusst. Ein Kind wird neugeboren in Gott. Das heißt, wenn die Taufe bei Kindern überhaupt einen Sinn macht, ist sie adressiert an die Eltern: Das Kind, das ihr zur Welt gebracht habt, gehört nicht euch selber, sondern ist ein Geschenk, das euch als Leihgabe anvertraut wird aus den Händen Gottes. Und deshalb dürft ihr nicht denken, ein Kind wäre definiert durch euch. Der Unterschied ist deutlich: Alles, was ein Student der Anthropologie an einer heutigen Hochschule lernt, besteht darin, dass er hört, dass Menschen das Produkt ihrer Gene sind (biologisch), ihrer Erziehung (psychologisch), der Umweltumstände (soziologisch). Und das Produkt aus diesen Bereichen macht dann den fertigen Menschen. Gerade das aber soll vermieden werden mit einer recht verstandenen Interpretation des 4. Gebotes: Der Name eines Kindes bezeichnet im Letzten das Geheimnis seiner Herkunft aus Gott – so wie die Alten Ägypter einen Pharao Tut-anch-Aton nannten: das lebende Bild des Wesens der Sonne, und seine Gemahlin Anches-en-pa-Aton: Sie lebt allein für das Wesen der Sonne.

Zu dem Verhältnis von Eltern zu ihren Kindern – und umgekehrt – und zu dem, was Sie gesagt haben über die Tauben und ihren Trieb, wieder nach Hause zu fliegen, fällt mir der Roman Schuld und Sühne *von Dostojewski ein. Da heißt es an einer Stelle: »Schließlich muss doch jeder Mensch wenigstens irgendwohin gehen können.« Und der das da denkt, das ist die Hauptfigur des Romans, Rodion Raskolnikow.*

Raskolnikow wird zum Mörder dadurch, dass er einen Brief von seiner Mutter erhält, in dem im Grunde steht, dass das Geld, das die Familie aufbringen muss, um ihn studieren zu lassen, erkauft wird mit der Schande seiner Schwester. Die ist gerade dabei, sich an einen reichen Mann zu verkaufen, einen Rechtsgelehrten, der alles auslegt zu seinen Gunsten, und von diesem Geld soll Raskolnikows Studium finanziert werden. Raskolnikow hasst sich selber, verachtet sich derart, dass er meint, sich beweisen zu müssen, kein Ungeziefer zu sein, das man unter dem Stiefel zertritt. Die großen Männer, phantasiert er, haben sich über alle Gesetze hinweggesetzt. Napoleon, wenn der »groß« war, über wie viele Leichen muss man gehen, um »groß« zu sein? Die Feldherren richten ganze Armeen zugrunde und bringen einen Toast aus und heben das Champagnerglas. Und man errichtet ihnen Triumphbögen, feiert ihre mörderischen Siege und sogar noch ihre Niederlagen. Wer ist man denn als Mensch, bis man aufhört, sich zu verachten? Was Dostojewski schreibt, ist genau dies: Ein Mensch ist ein Verlorener, wenn er keinen Ort hat, zu dem er gehen kann. In dem Roman wird die Dirne Sonja für Raskolnikow der Ort, zu dem er gehen kann. Und die beiden – der Mörder und die Dirne – werden gemeinsam die Geschichte aus dem 11. Kapitel des Johannes-Evangeliums lesen von der Auferweckung des Lazarus, eines Mannes, der schon vier Tage tot im Grab liegt: »Lazarus, komm heraus!« Wie rettet man einen Menschen, der dabei ist, lebendig zu verfaulen? Genau das ist Dostojewskis Frage: Wie erlöst man Menschen aus ihrer gegenwärtigen Hölle? Das kann nur die Liebe leisten, an Orten, zu denen man hingehen kann. Wir nehmen die Bilder von Vater und Mutter immer mit. Wir bleiben gebunden an unsere Kindheitserinnerungen, aber wir delegieren die Bilder in neue Erfahrungsräume hinein, was dann zu einer langsamen Loslösung von den irdischen Eltern führt.

Wenn wir heutzutage Politiker hören, überhaupt Leute hören, die in der Sozial- und Gesellschaftspolitik uns etwas zu sagen haben, dann scheinen die Alten nur noch eine Art »demographischer Faktor« zu sein. Die Frage, die sich mir stellt, heißt: Wie gehen wir mit alten Menschen um; wie gehen Kinder oft mit ihren Eltern um? Es gibt ja für alles eine Versicherung. Und wenn sie alt und krank werden, dann gibt es die Pflegeversicherung. Die Alten werden am liebsten ins Altenheim abgeschoben. Kaum jemand stirbt noch zu Hause. Die Würde des Alters und dass man Vater und Mutter ehren soll, das alles scheint allzu oft gar keine Rolle mehr zu spielen.

Es gibt da, glaube ich, mehrere Faktoren, die ineinander greifen. Das eine ist: Die Natur hat das menschliche Leben auf eine sehr kurze Zeitspanne angelegt. In früheren Jahrtausenden lag die Lebenserwartung bei nicht einmal 30 Jahren. Dass eine Frau Ende der 40 ihre Fruchtbarkeit einstellt, ist immer noch ein deutlicher Hinweis darauf, dass die Natur auch mit uns Menschen nicht viel mehr beabsichtigt hat, als dass wir unsere Gene weitergeben. Die ganze Kultur aber besteht im Grunde in einem Protest dagegen, dass wir als Individuen nichts weiter sein sollen als Transportmaschinen zur Weitergabe von Genen. Viel bedeutender noch als die Gene ist, was wir als Person sind. In der Bibel heißt es in einem Psalmenwort (90, 10): »Des Menschen Leben währet 70 Jahre, und wenn es hoch kommt 80 Jahre. Und all' seine Tage sind Mühsal und Plage.« Tatsächlich hat die Kultur die Lebensspanne zunächst einmal verdoppelt. In Deutschland lag noch in den 50er Jahren des 20. Jahrhunderts das Durchschnittsalter bei etwa 62 Jahren. Heute ist die Lebenserwartung von Frauen und inzwischen auch von Männern auf über 80 Jahre im Durchschnitt gestiegen. Das heißt, wir haben bei Eintritt in das Pensionsalter mit 65 die Erwartung, mindestens noch 15 Jahre oder mehr frei zu sein für einen Rückblick, zum Träumen, zum Entwerfen einer Welt, die nach uns kommen könnte. Und wir haben das Problem, aus dem Altern Weisheit zu gewinnen. Alle biologischen Zwecke sind dahin. Die Kinder sind in der Regel erwachsen, die körperliche Fitness lässt spürbar nach, die Schatten werden länger. Aber was tut man jetzt? Wie genießt man den Abend? Wie lernt man, Abschied zu nehmen? Wie führt man ein Leben, das nicht mehr geprägt ist durch biologische Zwecke? Die Kultur, die uns die Lebensspanne verlängert hat, muss jetzt zum Archiv der Antworten für solche Fragen werden. Und die Religion ist ein ganz wichtiger Teil dieser möglichen Antworten.

Paradoxerweise kommt nun ein weiterer Faktor hinzu. Statt die Weisheit des Alters zu ermöglichen, haben wir uns eine Welt geschaffen, die im neoliberalen, kapitalistisch orientierten Wirtschaften alte Menschen überhaupt nicht braucht, sondern zur Profitmaximierung einen riesigen Produktionsausstoß und einen entsprechenden Konsum benötigt. Also brauchen wir im Wesentlichen junge Menschen, die in der Produktion eingesetzt werden können und die als Konsumenten für den Markt von Interesse sind. Und wir brauchen eine Wirtschaft, die ständig expandiert, die ein Gleichmaß der Bewegung, Ruhe in der Zeit, überhaupt nicht akzeptiert. Es kann alles gar nicht schnell genug gehen. In dieser Situation nun ist die paradoxe Lage entstanden, dass die Menschen im Durchschnitt sehr viel älter werden – und gleichzeitig zum alten Eisen geworfen werden. Man hat im »Dritten Reich« sehr bösartig vom »Friedhofsgemüse« gesprochen. So war das in einer Zeit, die nur Leistung wollte, vor allem militärische Leistung, und ich fürchte, dass wir im Neokapitalismus genauso zynisch denken: Auch wir wollen Leistung, wollen Verbrauchbarkeit von Mensch und Material, und die alten Leute sind buchstäblich das Unbrauchbare, Unnütze, Unproduktive, sie sind parasitärer Ballast. Es gibt auch kaum noch die Möglichkeit, die Schönheit des Alters zu entdecken. Deshalb gibt es für die »Senioren« Anti-Aging-Programme, die Jungsein versprechen, manipulierbar durch die richtigen Kosmetika, durch eine ganze Chirurgie, die dazu dient, sich Menschen zu basteln, wie wenn sie Götterstatuen wären. Der ganz normale, biologische Reifungsprozess in der Zeit wird einfach geleugnet. Immer jung zu sein, immer vital, immer fit, eine Schauspielerin, die mit 60 noch aussieht wie mit 30, gilt als erfolgreich. Perverser kann es eigentlich nicht kommen. Die alten Leute sind schon durch ihre bloße Existenz eine Infragestellung dessen, was wir inzwischen für normal halten, die Offenbarung des Wahnsinnszustands unserer so genannten Normalität.

Eine Welt, die alte Leute nicht zu integrieren versteht, kann im Übrigen auch nicht zulassen, dass es junge Leute gibt: Die Dauerklage im Bundestag ist nur logisch, dass Leute, die nur noch konsumieren sollen, natürlich auch keine Kinder mehr haben wollen; man kann nicht Karriere machen wollen und auch noch Kinder großziehen. Angeblich wollen wir Kinder, brauchen wir Kinder, für die Sicherung der Renten sind sie unerlässlich, aber wo sollen sie herkommen in einer Welt, die Menschlichkeit mit Füßen tritt? Wer überhaupt soll noch für eine Welt Kinder großziehen, die all das verleugnet, was im 4. Gebot anempfohlen wird? Die Ehrung der Eltern und der Respekt vor den Kindern – das gehört zusammen! Beides ist eine Klammer, die sich um das ganze Leben spannt.

5 | Das fünfte Gebot

Du sollst nicht töten.

Herr Drewermann, das 5. Gebot besteht nur aus einem einzigen Satz: »Du sollst nicht töten.« Das scheint eindeutig und unmissverständlich zu sein. Aber wenn man den hebräischen Wortlaut betrachtet, ist es dann korrekt übersetzt?

Nein, im Grunde nicht. Es gibt zwei, drei verschiedene Wörter im Hebräischen für töten und morden. Genau übersetzt müsste das 5. Gebot heißen: Du sollst nicht morden! Dass die Bibel es zunächst auch so meint, ist ganz eindeutig. Sie hat – wenn ich mich ein bisschen zynisch ausdrücken darf – gegen das Töten von Menschen nicht viel einzuwenden. Sie möchte lediglich, dass es nicht in Willkür oder in Selbstjustiz ausartet. Anweisungen zum Töten finden sich in unglaublicher Fülle im mosaischen Gesetz. Es gibt das Gesetz in Exodus 21, 23, dass die Blutrache formuliert: »Auge um Auge, Zahn um Zahn.« Das sind Formulierungen, die sich schon im Gesetz des altbabylonischen Königs Hammurabi finden, die den Zweck haben, die Blutrache staatlich einzubinden und dadurch in den Exzessen zu mäßigen; es ist also eine Maxime zur Begrenzung von Gewalt: Es soll tatsächlich nur der eingetretene Schaden äqualisiert werden. Wenn man so will, bedeutet das für den Alten Orient und die Zeit vor mehr als 3 500 Jahren einen Rechtsfortschritt. Aber für uns im Rückblick ist das immer noch die reine Barbarei. Es gibt im Alten Testament und in den Kulturen, die sich unmittelbar daraus herleiten, die Todesstrafe wie ganz selbstverständlich. Es gibt im amerikanischen »Bibelgürtel« bis heute eine absolute Wünschbarkeit von Hinrichtungen mit Bezug auf den Wortlaut der Bibel. Es ist in »God's own Country«, in den Vereinigten Staaten von Amerika, überhaupt nur ein Mann als Präsident wählbar, der in keiner Weise den Anschein erweckt, er würde an die Todesstrafe auch nur rühren wollen. Man macht sich beliebt als starker Führer, der das Unrecht bekämpft und das Böse niederzwingt. Es heißt ganz simpel: Du sollst nicht morden; doch wer gemordet hat, den töten wir jetzt. Um den Präsidenten George W. Bush zu zitieren: »This is not a revenge, this is justice.« – Das ist keine Rache, das ist Gerechtigkeit.

Mit anderen Worten: Wir sollten uns nicht länger damit beschäftigen, wie im Alten Orient das 5. Gebot gemeint war; wir sollten überlegen, wie es menschlich zu interpretieren ist. Und diese Frage ist tatsächlich nicht ganz neu. Im 5. Kapitel des Matthäus-Evangeliums in der Bergpredigt greift Jesus die Frage selber auf: »Ihr habt gehört, dass man den Alten sagte: Du sollst nicht töten!« – oder von mir aus jetzt: »Du sollst nicht morden!« – »Ich aber sage euch: Jeder, der seinen Bruder beleidigt, durch Worte, die ihm wehtun, wird in die Feuerhölle geworfen.« Jesus steigert das sogar in einer paradoxen Klimax und will damit sagen: Das Töten beginnt ja nicht erst, wenn wir zum Messer greifen. Das Böse bereitet sich vor in der Gesinnung, und die Frage ist: Wie überwinden wir die Gewalt in unseren Herzen? Wie leben wir mit den aggressiven Impulsen in uns? An der Stelle verschiebt sich die Moral – entsprechend unserem ganzen Diskurs – ins Psychologische, und so muß die Frage jetzt heißen: Wie ist die Voraussetzung psychisch zu schaffen, die einen Menschen daran hindert, zum Mörder zu werden? Denn offensichtlich ist es absurd, jemandem zu sagen: Du sollst nicht töten! – wenn er auf dem Wege dahin ist. Wem überhaupt muss man gebieten: »Du sollst nicht morden!« Eine paradoxe Situation: Demjenigen, dem man es sagen müsste, kann man es gar nicht mehr sagen. Das Gebot kommt wirklich zu spät.

Wie zum Beispiel in der Geschichte von Kain und Abel, dem Brudermord. Kain wird durch Gott gewarnt. Gott sagt zu ihm: Beherrsche dich! Aber Kain geht mit Abel aufs Feld und erschlägt ihn.

Diese Geschichte im 4. Kapitel der Genesis ist erschütternd deswegen, weil sie in ihrem psychologischen Raffinement erzählt, wie der Mord zu den Menschen kommt und in ihnen aufsteigt wie ein Verhängnis. Sie sind vertrieben aus dem Paradies. Auf ihnen liegt eine Art von Fluch, und sie wissen im Grunde nicht weshalb. Vor allem wissen sie nicht, wie sie ihn loswerden können. Sie sind hineingestoßen in eine gnadenlose Welt, weg vom Baum des Lebens, fort aus der Nähe Gottes. Wenn sie zurückschauen zum verlorenen Paradies, sehen sie zwei Engel mit einem flammenden Schwert als Wächter am Eingang des Gartens. Es gibt kein Zurück mehr, es gibt nur noch Flucht: die Wanderung in diese verdammte Welt hinein. Und dann wird es zur zentralen Frage: Wie kann man etwas tun, dass man doch wieder angenommen wird? Um es lutherisch auszudrücken: Man muss irgendetwas tun, das einem eine Daseinslegitimation verleiht. Wenn man nicht mehr geliebt wird, muss man sich anstrengen, um liebenswert zu werden. Wenn man überflüssig ist, muss man etwas leisten, das den Anschein von Notwendigkeit verleiht. Wenn es egal ist, ob es uns gibt oder nicht, müssen wir etwas tun, das uns als unerlässlich und unbedingt erforderlich ausweist. Das Stichwort dafür in der Kain-und-Abel-Geschichte ist das Opfer: Man legt die eigenen Nahrungsmittel auf den Altar und zündet sie an, damit sie als Wohlduft Gott in die Nase steigen mögen! Die Logik dieser Haltung ist psychologisch von bestechender Konsequenz: Wenn ich doch alles tue, um nützlich zu sein, wenn ich alles aufbiete, um produktiv zu sein, wenn ich das Beste herstelle, was ich machen kann – und ich gebrauche es nicht einmal für mich selber –, spätestens dann muss man doch so etwas wie mich mögen können oder doch wenigstens in seiner Existenz dulden. Die Tragödie von Kain und Abel liegt darin, dass Menschen – ohne es zu wollen – bei diesem Bestreben unausweichlich einander zu tödlichen Konkurrenten werden. Je näher ein Mensch mir steht, je mehr er – biblisch gesprochen – mein Bruder ist, desto gefährlicher wird er. Eigenschaften, für die man ihn mögen könnte, Fähigkeiten, die eigentlich lobenswert sind, werden jetzt bedrohlich, denn sie kommen mir in die Quere. Ich sehe überall, dass es Menschen gibt, die mir zuvorkommen, die besser sind als ich: durch ihre Begabung, durch die Startbedingungen, durch einen Zeitvorsprung, den sie haben, durch bessere Produktionsmittel. In einer Welt der tödlichen Konkurrenz geht es um die Frage: Wer überlebt? Der französische Philosoph Jean-Paul Sartre meinte einmal: »Das ist die Tragödie des 20. Jahrhunderts: Soll ich dir das Raubtier ohne Fell zeigen? Eins plus eins macht eins.« Wenn ein Mensch auf dem Feld des Kampfes einen anderen trifft, begegnen einander zwei Kampfatome, von denen nur einer überleben kann. Unser ganzes Wirtschaftsleben ist so ausgelegt. Wer drückt wen an die Wand? Wer vernichtet wen durch die kleinen Unterschiede?

Aber vielleicht haben die Verlierer gar keine Fehler gemacht. Vielleicht haben sie – jedenfalls aus ihrer Sicht – alles richtig gemacht, so dass sie die Niederlage nicht verdienen.

Damit ist man ja mitten in der Kain-und-Abel-Problematik. Kain erlebt, dass sein Bruder Abel Anerkennung findet in Gottes Augen. Und er, der auf seine Weise getan hat, was er tun konnte, steht im Schatten. Die Bibeltheologen meinen an dieser Stelle immer, Gott habe das Opfer Kains nicht anerkannt, weil Kain eine unrechte Gesinnung gehabt habe. Davon aber steht in der Bibel überhaupt nichts. Im Gegenteil. Gezeigt wird, wie ein an sich guter Mensch mit seinen besten Absichten zum Mörder wird. Kain will seinen Bruder im Kampf um Anerkennung aus dem Weg räumen. Der erste Mord vollzieht sich im Ringen um Gottes Gunst. Ein unglaublicher Gedanke! Das Motiv zum Morden liegt darin, Liebe und Zuneigung zu finden. Das Unglaubliche im 4. Kapitel der Genesis ist daher dies: Gott sieht, was sich da entwickelt, und er fängt an, mit Kain zu reden – in einem sehr zerbrochenen Hebräisch, wie wenn der Schreiber sagen wollte: Ein Mensch in solcher Angst und Seelenverwirrung hört die Stimme Gottes nur noch ganz verzerrt. Gott nämlich redet an dieser Stelle so: »Warum – deine Gesichtszüge gefallen! Nicht wahr, wenn Gutes du – Erheben. Wenn aber Böses, du – die Sünde, ein Lagerer vor deinem Herzen, du aber walte ihr ob!« Das ist so ungefähr die Übersetzung des hebräischen Wortlauts. Das ist ein Hebräisch, wie es nirgends sonst in der Bibel gesprochen wird. Es ist, als wenn die Übertragung der Mitteilung Gottes an den Menschen akustisch gestört wäre. Deutlich ist nur, dass Gott verhindern will, dass in Kain das Gefühl der ungerechten Behandlung und die aufsteigende Mordwut die Oberhand gewinnen. Das einzige aber, was Gott aber dem Menschen sagt, sind nicht Worte der Liebe, sondern: Du musst dich beherrschen, Kain! Alles, was Ethik und Moral versuchen, was man aus den Zehn Geboten bis heute gemacht hat, ist dieser Impuls, dieser Imperativ: Du musst dich beherrschen! Du hast einen freien Willen! Deine Gefühle musst du unter Kontrolle bringen wie ein guter Reiter sein Pferd, wie ein Kapitän sein Schiff. Du musst dich beherrschen! Das ist der Inhalt dieser ganzen Moral! Aber sie funktioniert nicht, auf den ersten Bibelseiten schon nicht. Kain will sich ja beherrschen; er redet mit seinem Bruder; »aber« – so übersetzt Buber – »da sie auf dem Felde waren, auf stand Kain wider seinen Bruder Abel und tötete ihn«.

Lässt sich diese Kain-und-Abel-Situation, dieser archaische Urkonflikt, in die moderne Gesellschaft übertragen? Gibt es dafür ein Beispiel in der Literatur?

Der amerikanische Schriftsteller John Steinbeck, der vor allem das Elend der Unterschichten kennen gelernt und beschrieben hat – *Früchte des Zorns* heißt einer seiner Romane – hat auch ein großes Opus über Kain und Abel geschrieben: *Jenseits von Eden.* In diesem Roman, erschienen 1952, erzählt Steinbeck die Geschichte eines ehrwürdigen Patriarchen, eines gottesfürchtigen Mannes, der zwei Söhne hat: Caleb und Aaron. Und er hat erkennbar Aaron lieber als Caleb. Der Zurückgesetzte sinnt darüber nach, wie er die Liebe seines Vaters gewinnen kann. Er erfährt, dass bei Ausbruch des Ersten Weltkriegs die Bohnenpreise anziehen werden, weil man das Militär mit Nahrungsmitteln versorgen muss. Und ein Farmer rät Caleb, den in finanzielle Not geratenen Vater doch zu unterstützen, indem er ein Landgut mietet und Bohnen anbaut. Am Geburtstag seines Vaters nun geht Caleb mit einem Bündel Geld zum Haus seines Vaters – und da hört er, wie drinnen sein Vater zu Aaron sagt: »Du hast mir das schönste Geschenk gemacht.« Denn Aaron hat gerade seine Verlobung mitgeteilt. Ungelenk legt Caleb die Dollarscheine auf den Tisch, und der Vater fragt verwundert: »Woher hast du das?« Caleb antwortet: »Von dem Erlös der Bohnen.« Aber dieser moralisch denkende Patriarch lehnt das Geschenk ab. »Caleb«, sagt er, »mit dem Krieg macht man keine Geschäfte; bring das Geld weg!« An diesem Tage, abends, nimmt Caleb seinen Bruder Aaron mit nach Salinas. Er hat herausgefunden, dass dort ein Bordell ist, in dem seine eigene Mutter arbeitet. Auch sie hat es nicht ausgehalten, bei diesem Patriarchen von Mann zu leben. Sie hätte ihn beinahe selbst ermordet. Als Aaron seine Mutter als Hure sieht, zerbricht ihm die ganze Weltordnung, und er meldet sich freiwillig zum Krieg. Das ist in wenigen Worten die Geschichte einer mangelnden Anerkennung.

Was Steinbeck andeutet, ist, dass seit der Geschichte von Kain und Abel wir vom Himmel herab Worte benötigen, um zu glauben, dass wir geliebt werden, berechtigt sind, Worte, die es uns ersparen würden, Mörder zu werden. Es ist umgekehrt das ganze Bemühen Jesu, nicht nur in der Bergpredigt, sondern in der ganzen Art seiner Verkündigung, die Kain-und-Abel-Geschichte neu zu beantworten, um sie zu vermeiden. Im 25. Kapitel bei Matthäus gibt es eine Erzählung, die wie eine Antwort auf die Problematik von Kain und Abel ist. Jesus berichtet da von Leuten, denen ein abreisender Herr unterschiedlich viel Geld hinterlässt, »dem einen fünf Talente Silber, dem andern zwei, dem dritten eines«. Und Jesus will andeuten: Im Leben ist das so. Die einen verfügen über Voraussetzungen, kraft derer sie weit besser gestellt sind als andere.

In dem einen Fall könnt ihr verzagen und Minderwertigkeitsgefühle hüten; im anderen Fall könnt ihr stolz und anmaßend werden. Das Leben ist aber nicht dafür da, kleinmütig zu werden oder übermütig zu werden. Das Leben will, dass man mit sich selber identisch wird. Derjenige, der fünf Talente Silber bekommen hat, sollte aus dem, was er besitzt, etwas machen, aber so, dass es für ihn stimmt. Und jemand, der nur ein Talent Silber erhalten hat, sollte aus dem einen das machen, was er vermag. Die Frage ist nicht: Wer ist größer oder kleiner, wer hat mehr oder weniger? Die Frage ist: Wie nimmt er das, was Gott ihm geschenkt hat, als Möglichkeit zu seiner Entfaltung? – Bildhaft gesprochen, haben Blümlein wie Vergissmeinnicht und Männertreu keinen Grund, auf Lilien und Rosen neidisch zu sein. Alles, was lebt, ist ein Wunder in seiner Art. Und es ist überhaupt nicht nötig, sich zu vergleichen mit anderen. Die Frage lautet deshalb: Wie verhilft man einem Menschen dahin, dass er anfängt, sich selber zu mögen? In der Psychotherapie kann man dem anderen nicht vorbeten: Sie sind eine wunderbare Frau, eine so schöne und liebe Frau! Sie sind auch ein so guter Mensch. Sie haben überhaupt keinen Grund an sich zu zweifeln. Die Wahrheit ist: Man muss alle verinnerlichten Formen der Selbstablehnung, alles Tödliche aus den Redensarten der Kindertage, der Schulzeit – am allerschlimmsten vom Kasernenhof – den Menschen aus der Seele streicheln! Jeder Mensch hat ein Recht zu leben, und man muss erkennen, dass man ein Geschöpf Gottes ist. Die Worte Gottes, die im 4. Kapitel der Genesis fehlen, könnten ganz einfach heißen: Kain, jetzt hör auf mit deinem geheimen Selbsthass! Die ganze Vorstellung, du müsstest Opfer bringen, ich aber möchte dein Opfer nicht, ist eine Einbildung. Das einzige, das daran stimmt, ist, dass ich überhaupt keine Opfer will. Ich brauche sie nicht! – So ungefähr steht es ja im 50. Psalm wirklich: Hab ich denn Hunger, dass ihr mir Farren auf den Feldern schlachten müsstet? Hab ich Durst, dass ich Blut saufen möchte an euren Opferaltären? Gehört mir nicht sowieso alles, was lebt auf Erden? – Das sind die Worte, die Gott denen sagt, die »zerbrochenen Herzens sind«, wie es in dem Psalm heißt.

Von der speziellen Kain-und-Abel-Situation zum Töten allgemein. Tiere haben in gewissem Sinn eine Tötungshemmung, nämlich beim Töten von Artgenossen. Die Menschen hingegen sind in der Lage, einen Tötungsvorgang zielgerichtet planen zu können, fast emotionslos. Es scheint so, als wenn die moderne Welt auch diesbezüglich »Fortschritte« gemacht hätte.

Das ist leider wahr. Die Indianer auf den Plains in Nordamerika zum Beispiel waren besessen vom Krieg, vom Töten der Büffel, von denen sie lebten, aber auch von den Kriegen untereinander. Um Krieg zu führen brauchten sie tagelange seelische Vorbereitung: Tänze, Gebete und Rituale, um sich einzustimmen. Sie waren dann wirklich Krieger. Sie bemalten ihren Körper. Sie veränderten ihr Wesen. Es war eine äußere und innere Veränderung gegenüber dem Normalen und Gewohnten. Dann aber gingen sie auf den Kriegspfad – ein begrenztes Unternehmen, aus was für Gründen auch immer. Die Weißen waren den Indianern gerade darin ständig überlegen, dass sie keine Vorbereitungen zum Töten brauchten. Sie bewegten den Hahn ihrer Gewehre und sie töteten, zielgerecht und auf große Entfernung. Sie konnten morden ohne alle Skrupel. Sie konnten 40 Millionen Büffel auf den Plains abschießen innerhalb von ein paar Jahren. Und sie konnten die Indianer ausrotten nach der Formel: »Tote Indianer sind gute Indianer.« Das haben wir gelernt – über Leichen hinwegzugehen, Stolz zu empfinden beim *bodycounting*: je mehr Tote, desto besser. Und es ist eine furchtbare Art, in der wir das Gebot »Du sollst nicht töten« jederzeit ausgehebelt haben. Kein Staat der Welt, in dem nicht die 18-Jährigen schon lernen sollen, wie man auf Befehl tötet, wie man effizient tötet, ohne selber angreifbar zu werden. Das wirkliche Problem ist ja, dass man im Kriege töten soll. Man erlebt jetzt, dass die amerikanischen Öffentlichkeit den Irak-Krieg problematisiert, weil die Zahl der toten US-Soldaten immer höher wird. Mehr als 2 000 waren es schon Ende November des Jahres 2005. Bei den eigenen Opfern fängt man an, nachdenklich zu werden, bei den Opfern des »Gegners« scheinbar nie.

Wenn das 5. Gebot irgendeinen Sinn macht, dann müsste es in dieser Weise lauten: Du sollst absolut, unter keinem Umstand, töten, weil jedes Leben heilig ist! Die Geschichte von Kain und Abel endet übrigens damit, dass Gott nicht will, dass man Kain totschlägt. Er schafft ein Schutzzeichen für Kain, »damit ihn unerschlagen lässt jeder, der ihn findet«. Gott will nicht, dass das Töten und Morden immer so weitergeht. Es bleibt allgemein die Frage: Wie können wir die Menschen der Blutmühle der Gewalt entheben? Wie erlösen wir sie von dem ewigen mechanischen Kräftespiel, auf eine Aktion der Gewalt eine Aktion der Gegengewalt zu setzen? Wie kommt man aus diesem Teufelskreis heraus? Da ist die Bergpredigt ganz eindeutig: Beantworte das Böse nicht mit dem Bösen! Da sind die wunderbaren Worte Jesu in Matthäus 5, 39: »Wer dich auf die rechte Wange schlägt, dem halte noch die linke hin.« Ein Wort wieder, das im »Dritten Reich« aus dem Munde Hitlers ohne jeden kirchlichen Widerspruch blieb: »Ich bin Nationalsozialist und als solcher gewohnt zurückzuschlagen«, erklärte der Führer beim Ausbruch des Zweiten Weltkriegs und versprach, »dass von nun an Bombe mit Bombe vergolten wird.« Es gab keinen einzigen Bischof, der gesagt hätte: Das ist unchristlich! Das steht in der Bergpredigt so deutlich anders, dass es sich nicht vereibaren läßt mit dem Geiste der Botschaft Jesu.

Der niederländische Verhaltensforscher Niko Tinbergen hat vor vielen Jahren einmal darüber nachgedacht, wie es ist, wenn Tiere einander attackieren, und er hat das Verhalten von Tieren und Menschen miteinander verglichen, zum Beispiel bei den so genannten Kommentkämpfen: Zwei Hirsche, die um ein Weibchen kämpfen und ihre Kräfte messen, lassen dabei ihre Geweihe gegeneinander krachen. Einer, der stärkere, wird siegen; er hat sich sein Anspruchsrecht auf das Weibchen erkämpft. Der andere wird von der Lichtung gehen als der schwächere. Ihm wird im Prinzip nichts Schlimmeres passieren, als dass er an der Weitergabe seiner Gene gehindert wird. In aller Regel enden diese Kämpfe unter Artgenossen nicht tödlich. Sie sind auch in hohem Maße ritualisiert; sie folgen bestimmten Spielregeln der Fairness. Und im Vorlauf verfügen die Hirsche über eine ganze Reihe von Signalsystemen, bis sie in den Kampf hineingehen. Wer nicht will, kann immer noch beizeiten zurückweichen. Tinbergen meinte nun, dass sich die Situation für den Menschen im Umgang mit Töten und Mordlust in zwei Punkten unterscheidet. Das eine ist: Unsere Signalsysteme funktionieren schon lange nicht mehr so gut wie bei den Tieren. Wir missverstehen uns immer wieder. Man denke nur an die Möglichkeit, im »Kalten Krieg« der 50er und 60er Jahre des 20. Jahrhunderts ein atomares Inferno über die ganze Welt zu legen. Das Warnsystem zwischen Ost und West war mehr als unzureichend. Schlimmer noch: Es sollte unzureichend sein. Man stellte die furchtbarsten Waffen im Verborgenen her. Der andere sollte überhaupt nicht wissen, was ihm blühen könnte. Tiere zeigen wenigstens ehrlich, was sie besitzen. Sie demonstrieren ihre Stärke, damit der andere objektiv auf die Situation reagieren kann. Die Militärrüstung aber unterliegt der Geheimhaltung: Es wird ständig gedroht mit etwas, das der Gegner gar nicht sehen soll. Wir lügen, um Krieg führen zu können – und das unterscheidet uns von den Tieren. Und ein zweites: Wir Menschen sind anders als beispielsweise die Hirsche. Wenn wir unterlegen sind, werden wir darüber nachdenken, warum wir verloren haben und wie man das in Zukunft ändern kann. Wie kann man die Waffen verbessern, wie die Angriffstechnik, wie die Arglist instrumentalisieren, um den Gegner ahnungslos zu machen? Wie kann man die Wirksamkeit der Lüge zur Waffe umschmieden? Das alles können nur wir Menschen. Tinbergen meinte, dass wir Menschen die einzige Spezies in dieser Welt sind, die gelernt hat, dass das Töten eine wirkungsvolle Antwort auf die Angst sein kann. So lange unser Gegner als besiegter Feind noch lebt, so lange kann er gefährlicher werden, als er jemals war. Man muss vor ihm ständig auf der Hut sein. Warum also soll man ihn nicht gleich töten? Dann ist er als Gefahr beseitigt, ein für alle Mal.

Wir haben jetzt viel gesprochen über das Morden anhand des Beispiels von Kain und Abel im Alten Testament bis hin zu dem staatlich sanktionierten Töten in der Neuzeit. Aber nun frage ich mich: Was hat das Gebot »Du sollst nicht töten!« zu tun mit dem Menschen heute im Alltag? Für mich findet das alltägliche Töten zum Beispiel jeden Tag statt im Straßenverkehr, ein Vorgang, der offensichtlich gar nicht als Töten empfunden wird. Man spricht ja auch verharmlosend von »Verkehrsopfern«.

Dass es nicht so empfunden wird, zeigt die offenbare Diskontinuität zwischen den Motiven und den Folgen des eigenen Verhaltens. Die Raserei auf den Straßen ist überhaupt nur möglich, wenn man an die Folgen nicht wirklich denkt. Man will ja niemanden überfahren, man will auch nicht Unfälle provozieren. Trotzdem verhält man sich so, dass das Risiko ständig wächst, weil man zum Beispiel viel zu schnell fährt. Das Verhalten vieler Autofahrer lässt sich am einfachsten erklären wieder vor dem Hintergrund der Tierpsychologie. Es ist eine archaische Situation zwischen Beutegreifer und Beute, Wettläufe auf Leben und Tod zu veranstalten. Es sind in aller Regel meist junge Leute, für die das Auto als Bewegungsmittel so viel bedeutet wie Machtzuwachs, es ist das Instrument für ein machohaftes Demonstrationsgehabe; manche Psychoanalytiker meinen, viele Männer sähen in ihrem Auto ein riesiges Phallussymbol, das sie attraktiv macht bei jungen Frauen. Solche Leute denken, man müsse so schnell sein wie der beste Jäger, weil irgendwo ein Zielobjekt als Beute wartet. Ich entsinne mich, dass Hoimar von Ditfurth vor vielen Jahren im Fernsehen ein witziges Bild gebraucht hat, das der Sache näher kommt. Man müsste im Rückspiegel des rasenden Autofahrers sich einen Puma oder Geparden vorstellen, der als Verfolger aktiviert ist, und dem jagt man jetzt davon. Das ist zumindest die halbe Wahrheit. Die andere Wahrheit ist, man muss den anderen einholen und überholen, denn man ist auch selber wieder der Jäger. Man überlebt nur als Schnellster. So etwas gibt es in der Verhaltenspsychologie, und die tobt sich aus in der Raserei auf den deutschen Straßen.

In den ersten Monaten nach meiner Priesterweihe war es, dass in dem Ort, in dem ich als Vikar tätig war, ich zum Krankenhaus gerufen wurde. Dort waren zwei getötete Kinder aufgebahrt. Am Ortsausgang hatte ein junger Mann mit weit überhöhter Geschwindigkeit viel zu spät gesehen, dass die Straße halbseitig gesperrt war. Er musste ausweichen, geriet auf den Bürgersteig und riss die dort spielenden Kinder in den Tod. Ich habe den Vater noch vor Augen, der bebend vor Verzweiflung und Zorn sagte: »Ich bringe den Kerl um, ich bringe den Kerl um!« Auch das ist Töten. Ein Vater leidet darunter, dass er die Kinder nicht schützen konnte. Da hat er scheinbar versagt, und das möchte er jetzt nachholen: indem er den tötet, der getötet hat. So kann das mit dem Töten immer weiter gehen. Hätte man diesen jungen Mann dem Vater gegenübergestellt, es wäre wahrscheinlich zu einem Mord gekommen. Und dieser Mord, dieser Totschlag im Affekt, wäre psychologisch sogar gut verständlich gewesen. Und doch wäre es ein gezielter Mord gewesen, schlimmer eigentlich noch als das, was der junge Mann begangen hatte. So merkwürdig sind wir psychisch organisiert: Wir können aus Leichtsinn Folgen bewirken, die wir so überhaupt nicht gewollt haben. Aber ich bin ganz sicher: Wer einen solchen Unfall herbeigeführt hat, den wird das Geschehen verfolgen ein Leben lang.

Es muss nicht einmal immer moralische Schuld sein, aber es gibt eine Tathaftung, die wir erleben wie einen endlosen Vorwurf. Darf ich offen erzählen? Ich war ein paar Wochen nach Erhalt meines Führerscheins unterwegs mit dem Auto in einer geschlossenen Ortschaft. Ich hatte zwischen 50 und 60 auf dem Tacho, ich fuhr also nicht zu schnell, war aber nicht erfahren genug, die folgende Situation richtig einzuordnen: Auf der rechten Straßenseite ging ein Mädchen, auf der linken Straßenseite ging eine Frau mit einer Tasche. Und ich sah nicht, dass das Mädchen rüberschaute zu der Frau; plötzlich fing es an zu laufen, mir direkt vors Auto. Ich bremste sofort und kam ganze 30 Zentimeter vor dem Körper dieses Mädchens zum Halten. Es fiel noch mit dem Kopf auf die Vorderfront des Autos. Die Frau – es war die Mutter – kam herbeigelaufen und schimpfte mit dem Mädchen. Ich war überglücklich, dass das Fahrzeug zum Stehen gekommen war. Ich hatte um ein paar Kilometer die Höchstgrenze von 50 überschritten, und die hätten jetzt entscheidend sein können. Noch schlimmer: Zehn Minuten später fing es an zu regnen, und ich hätte auf dem Kopfsteinpflaster nie und nimmer das Auto so schnell zum Halten gebracht. Mein ganzes Leben aber wäre völlig anders verlaufen, wenn dieses Kind getötet oder lebenslänglich zum Krüppel geworden wäre. Dieses Gefühl wird man nie wieder los, wenn so etwas passiert ist. Und jeder, der 100 000 Kilometer oder mehr mit dem Auto gefahren ist, muss sich – wenn er ehrlich ist – sagen: Ich habe nur Glück gehabt, dass nichts passiert ist.

Manchmal kann man gewiss nur dankbar dafür sein, dass man vor bestimmten Umständen oder Situationen verschont bleibt, auch im Sinne eines tatsächlichen Tötens. Es gibt nun aber auch die Redensart: »Wenn Blicke töten könnten...«

Ich glaube durchaus, dass die Art, wie man einen Menschen anschaut, tödlich sein kann, allerdings nur unter bestimmten Voraussetzungen. Menschen ringen um Liebe, setzen ihr Leben auf die Zuneigung einer ganz bestimmten Person, delegieren ihr eigenes Selbstwertgefühl an einen anderen. Die Beziehung ist dadurch hochgradig belastet, durch Ängste, durch Hoffnungen. Und dann genügt womöglich der Blick eines Menschen, der Tonfall seiner Rede, eine kleine Geste, und es kann entscheidend sein über Leben und Tod. Die Frage ist: Wie viel Verantwortung hat man im Leben füreinander?

Wir sind damit bei der Frage des Suizids. Auch darauf bezieht sich das 5. Gebot: Du sollst nicht töten! Die katholische Kirche ist darin so streng, dass sie Selbstmörder noch bis vor einiger Zeit nicht beerdigt hat. Sie durften nicht auf einem geweihten Gottesacker beigesetzt werden. Heute schleicht sich die Kirche heraus, indem sie Selbstmord als die Folge einer psychischen Krankheit erklärt: Die Leute könnten gar nicht frei handeln, insofern könnten sie auch nicht sündigen. Das ist so gewiss nicht wahr. Es gibt viele Gründe, unter denen Menschen daran zweifeln, dass ihr Leben noch einen Sinn hat. Und es gibt oft nicht die Möglichkeit, dem anderen zu zeigen, wie es weitergehen kann. Jedenfalls glaube ich aus vielen psychotherapeutischen Gesprächen zu wissen, dass man sogar die Neigung eines anderen, sein Leben zu beenden, als erstes akzeptieren muss. Es hat keinen Sinn, dagegen zu reden: »Das dürfen Sie nicht tun. Das 5. Gebot! Selbstmord ist auch Mord. Was Sie da sagen! Denken Sie doch an die Verantwortung!« Man muss die Situation erst einmal so akzeptieren, wie sie ist. Der andere weiß nicht weiter, er sieht nicht weiter, er hat keine Kraft mehr zum Weiter. Gibt es überhaupt noch einen Spielraum, seine Situation mit ihm zu erörtern? Der einzige Weg ist, dass man ihm zuhört, indem man langsam seine Gedanken sich entwickeln lässt, und dass man seine Verzweiflung akzeptiert. Die meisten Menschen, die ihrem Leben ein Ende machen, möchten nicht *dem* Leben ein Ende machen, aber der Art und Weise, wie das Leben ihnen bisher erschienen ist. Oft ist die Neigung zum Selbstmord eine verdeckte Verneinung, die sich an einen anderen richtet. Man lebt unter dem Druck einer anderen Person – und kann darunter nicht leben. Man müsste diesen anderen, um selber zum Leben zu kommen, beseitigen. Aber das darf man nicht. Das ist eine Situation ähnlich wie bei Franz Kafka in der Parabel vom Türhüter in dem Roman *Der Prozess.* Da ist jemand, der Eingang in sein Leben nur gewinnt, wenn er den Mann, der ihm diesen Eintritt versperrt, wegräumt. Im Grunde ist diese Person sein Vater, Kafkas Vater selber, der lauter Gebote und Verbote verkörperte. Das Paradoxe ist: Besagter K.

in Kafkas Geschichte könnte ins »Gesetz«, das heißt ins Leben, nur Eintritt finden, wenn er einen Mord beginge – was er nicht darf.

Der »Mann vom Lande«, wie er bei Kafka genannt wird, müsste, um in das Gesetz Eintritt zu erlangen, den Türhüter im Wortsinne »aus dem Wege räumen«. Und das ist ja doch eine Umschreibung dafür, jemanden unschädlich zu machen. Wenn ich zum Beispiel auf einer schmalen Rolltreppe zum Bahnsteig hochlaufen will, um die S-Bahn noch zu bekommen, und ein anderer versperrt mir den Weg, dann möchte ich ihn am liebsten mit Gewalt aus dem Wege räumen, das heißt, man möchte ihn eigentlich umbringen.

Sobald Zielsetzungen eintreten, die einen Bewegungsvorgang einleiten, motorisch oder seelisch, der kein Hindernis mehr zulässt, ist ein Mord zwar nicht ohne weiteres geplant, aber doch als Folgerisiko akzeptiert. Allerdings müssen die Gründe, die dahin führen, nicht immer unehrenhaft sein. Ich entsinne mich eines Mannes, der in seiner Firma mitgeteilt bekam, dass seine Frau im Sterben liege. Und er hat mir berichtet, voller Stolz, dass er ins Auto gesprungen und losgerast sei. Vierzig Kilometer entfernt war das Krankenhaus, wo er hin musste. Er ist mit viel zu hoher Geschwindigkeit gefahren, noch bei Rot über eine Ampel, er hat alle überholt – und als er in dem Krankenhaus ankam, lebte die Frau noch! Mit Stolz hat er mir das erzählt, und er meinte, dass er doch ein sehr guter Ehemann sei, der seine Frau wirklich liebte. Er hat aber dabei ein fraglos hohes Ziel zu einem absoluten Ziel erklärt! Es ist gefahren als einer, der in Gefahr stand, einen fahrlässigen Mord zu begehen. Ich will sagen: Wir sind immer wieder in der Gefahr, in unserem Leben Ziele zu definieren, die nicht vereinbar sind mit den legitimen Ansprüchen anderer, zum Beispiel mit deren Leben und körperlicher Unversehrtheit.

Und neben der fehlenden Risikowarnung haben wir die verordnete oder sogar antrainierte Unempfindlichkeit gegenüber dem Töten von Menschen. Wir sprachen schon von den Skrupeln, die

Menschen natürlicherweise haben, wenn sie töten oder töten sollen, und die man ihnen nimmt, damit sie töten können – im Dienste des Staates, der Kirche, einer bestimmten Gesellschaftsordnung. Das Alte Testament, das mosaische Gesetz, hatte diesbezüglich Regeln gefunden. Man tötete zum Beispiel durch Steinigen. Eine Frau, die die Ehe gebrochen hatte, wurde gesteinigt – ein kollektiver Vorgang. Da waren die Ordentlichen und die Anständigen, die Repräsentanten des göttlichen Volkes, die zu Gericht saßen über jene schuldig Gewordene. Und die wurde ausgestoßen aus dem Recht der Lebenden. Eine ungeheure Anmaßung im mosaischen Gesetz – und in vielen Staaten bis heute! Wir bestimmen als Lebende, wer nicht länger leben darf. Schlimmer noch: Weil diese oder dieser andere ein Verbrechen begangen hat, von dem wir erklären, dass es todeswürdig sei, bestimmen wir, dass jene oder jener besser gar nie gelebt hätte, denn dann hätte sie oder er nicht diesen Ehebruch, nicht diesen Mord oder was immer sonst begehen können. Nach alttestamentlicher Verfügung greift jeder zu einem Stein, den er wirft. Die Addition aller Steine wird einen Menschen ermorden. Aber kein Einzelner hat den Mord begangen. Jeder hat geworfen, aber keiner hat getötet. So erhält man sich die Illusion der Objektivität des Strafvorgangs. Das Volk als Ganzes, die göttliche Ordnung an sich hat verfügt, dass ein Mensch sterben muss. Die hegelianische Philosophie hat diese dialektische Spirale entworfen: »In der Strafe stellt der Rechtsbruch das Recht wieder her durch die Negation seiner eigenen Negation.« Wunderbar! Eine logische Maschinerie, bei der nur leider Menschen unter die Räder kommen. Bei der Todesstrafe heute gibt es ähnliche Vorgänge. Die Delinquenten in Houston/Texas können wählen, wie man sie umbringt, ob man sie vergiftet, erhängt oder erschießt. Beim Erschießen kann man das Problem mildern, wie bei den Erschießungskommandos im Militär: Man lässt beliebig viele Leute antreten – neun oder zwölf –, schiebt aber in einen der Gewehrläufe eine Platzpatrone, so dass hinterher jeder einzelne sich sagen kann: Vielleicht war ich es ja gar nicht; es kann doch gut sein, dass in meinem Gewehr die Platzpatrone war –, wenn ich nicht überhaupt sage: Ich habe nur getan, was ich musste, Befehl ist Befehl. Es herrscht gesellschaftlich eine unglaubliche Verlogenheit in all dem, was das 5. Gebot betrifft.

Es ist mir noch ein Bedürfnis, dass wir auch auf das Töten zu sprechen kommen, das sich mit der Problematik der Abtreibung verbindet. In vielen Kulturen können wir beobachten, dass mangelnde Nahrung dazu führen kann, dass Stämme bei den Eskimos etwa oder in Zentralafrika die alten Leute töten, weil sie nicht mehr zu ernähren sind, oder auch Kinder töten aus demselben Grund. In manchen Kulturen – zum Beispiel in Teilen Indiens – besteht heute noch eine Praxis, Mädchen zu töten, nur weil sie Mädchen sind. Man hat diese Praxis voller Abscheu immer wieder diskutiert unter dem Thema der Frauenverachtung: Männer haben das Recht zu leben, Frauen nicht. Das aber ist eine falsche Problemstellung. Man tötet die Mädchen, weil sie selber wieder Leben zur Welt bringen können! Und außerdem würde ein Mädchen später, wenn es heiratet, eine Mitgift fordern und die Familie überfordern, die die Mitgift zahlen soll. In manchen Kulturen sind solche Traditionen bis ins 21. Jahrhundert hinein gegenwärtig, und wir erleben deren spätes Echo noch in der Problematik der Abtreibung. Die Kirche verbietet, wo irgend sie Macht hat, die Abtreibung in jeglicher Form. Von der Kirche unabhängige Institutionen gewähren den Müttern immerhin Toleranzzeiträume – drei Monate etwa ist die Regel. Man geht davon aus, dass die Entwicklung eines Fötus 90 bis 100 Tage braucht, bis er deutlich erkennbar die Züge eines Säugetiers annimmt. Auch kann die Empfindung für Schmerz ja erst dann erfolgen, wenn das neuronale System – die Gehirnentwicklung – so weit gediehen ist, dass Reaktionen auf Umweltbedingungen zentral gesteuert werden können. Mit einem Wort: Man hat in der Abtreibungsregel der staatlichen Gesetzgebung den Versuch unternommen, einen gewissen Ausgleich in der folgenden Regelung zu versuchen: Wenn ein Unmaß von Leid auf eine Frau zukäme, weil ihr eigenes Leben durch den Geburtsvorgang gefährdet wäre, oder weil das Kind sie anschauen würde mit dem Augen des Mannes, der sie vergewaltigt hat bei der Zeugung, oder wenn sie keinerlei Aussicht sähe, ihr Kind großzuziehen und ihm eine soziale Entwicklungsmöglichkeit zu geben, oder wenn sie selber unter psychisch schweren Depressionen steht, so dass sie keinen Zukunftswillen hat – nicht für sich selber, geschweige für ihr Kind –, dann sollte eine soziale oder medizinische Indikation möglich sein. Von psychischer Indikation ist bei all dem leider nicht die Rede, obwohl das doch der zentrale Punkt wäre; man spricht stets nur von medizinischer und sozialer Indikation, scheinbar um klare Kriterien zu behalten. Die Frage aber lautet: Muss jedes Leben, das zur Welt kommen könnte, von Anfang an unter den vollen Rechtsschutz der menschlichen Person gestellt werden? Ist jede befruchtete Eizelle in diesem Sinne schon durch das 5. Gebot geschützt: Du sollst nicht töten!?

Die Natur selber verfährt anders: Ungefähr 50 Prozent aller befruchteten Eizellen, aller Zygoten, gehen verloren durch Spontanabort. Die Natur experimentiert von Anfang an und nicht überhaupt keinen Grund für einen besonderen Schutz jeder einzelnen befruchteten Eizelle. In der Natur wird ein ungeheurer Ausstoß an möglichem Leben sofort wieder vernichtet. Und sie geht mit uns Menschen nicht viel anders um. Wenn der Kirche der Schutz jeder befruchteten Eizelle wirklich wichtig wäre, dann müsste sie der Natur in den Arm fallen, sie müsste Gott unverantwortlich nennen und dafür sorgen, dass Kinder eigentlich gar nicht mehr im Schoße einer Frau aufwachsen, sondern am besten im Reagenzglas. Natürlich ist eine solche Konsequenz unsinnig. Dann aber muss man sagen: Leben braucht Bedingungen, die Leben möglich machen. Das gewährleistet zunächst rein biologisch der Organismus der Mutter. Schon das jedoch kann missraten. Aber eine Frau ist nicht nur ihr biologischer Organismus; sie hat auch eine Psyche, die bereit sein muss, ein Kind anzunehmen; und kann sie es nicht, muss es ein zeitlich begrenztes Recht zur Entscheidung geben.

Ich möchte zum Schluss noch auf die Tiere zu sprechen kommen und auf die Frage, inwieweit auch sie unter das 5. Gebot fallen. Aus den Höhlenmalereien wissen wir, dass die Jäger der Urzeit, ehe sie auf die Jagd gingen, die Tiere um Verzeihung dafür baten, dass sie getötet würden.

Es hat über riesige Zeiträume zu den Überlebensbedingungen der Menschen gehört, auf Tiere Jagd zu machen, aus ihnen Rohstoffe zu gewinnen – Häute, Knochen, Geräte – und ihr Fleisch zu verzehren. Wir sind aber seit den Anfängen der Agrarkultur – seit vier, fünf Jahrtausenden also – zunehmend in die Möglichkeit versetzt, von Agrarerzeugnissen, von den »Früchten des Feldes«, zu leben. Wir haben wohl gleichzeitig Tiere großgezogen, die wir dann anstelle von Jagdobjekten töten konnten unter geregelten Vorsorgebedingungen zur Abwehr von Hungerkatastrophen. Aber wir sind heute längst so weit, dass wir rein vegetarisch leben könnten; wir bräuchten nicht mehr Tiere zu töten. Das Verzehren von Tieren bedeutet das Töten von Lebewesen, und in aller Regel sind es Säugetiere, die wir essen. Sie stehen uns so sehr nahe, dass die Gefühle, die diese Tiere haben, alle im limbischen System von menschlichen Gehirnen kodiert sind. Wir hätten selber keine Gefühle, wenn diese sich nicht in der Evolution von Säugetieren entfaltet hätten. Da ist eine gerade Linie, die uns mit den Tieren verbindet, und wir müssten deshalb unsere Ethik in Frage stellen, die das 5. Gebot einzig auf den Umgang mit Menschen bezieht und – noch näher – nur auf Menschen des eigenen Stammesverbandes –, nur für diese Gruppe galt ja überhaupt im alttestamentlichen Sinn das Gebot »Du sollst nicht töten!« Alle anderen durfte man töten, Tiere sowieso. Im 9. Kapitel der Genesis steht sogar: »Schrecken soll sein den Tieren vor den Menschen.« Diese Anthropozentrik hat dazu geführt, dass wir Tiere in unvorstellbarem Maße ausrotten, und wir sind grausam in der Art, wie wir sie halten, speziell in der Massentierzüchtung. Das natürliche Recht der Tiere auf eine »artgerechte Haltung«, wie es im Gesetz steht, wird mit Füßen getreten. Ich bin empört darüber, dass alle diesbezüglichen Wahlversprechen von den Politikern nach einer Wahl gleich wieder kassiert werden. Es heißt dann, wie gleich nach der Machtübernahme der CDU in Nordrhein-Westfalen: »Die Bauern müssen die Gelegenheit haben, im internationalen Maßstab wettbewerbsfähig zu bleiben.« Das bedeutet: Wir machen mit der unwürdigen Massentierzüchtung weiter. Tatsächlich aber haben kein Recht, Tiere großzuziehen nur als Lebendkonserven für den Schlachtviehmarkt. Wir sind stolz darauf, dass wir im 20. Jahrhundert zumindest den Kannibalismus als Form des Zusammenlebens aus der Welt gebracht haben. Wo irgend noch Kannibalismus vorkommt, denken wir zunächst nicht an die Strafjustiz, sondern an den Psychiater. Ich stelle mir nun vor, dass wir das Töten von Tieren eines baldigen Tages als eine erweiterte Form von Kannibalismus begreifen werden. Biologisch gesehen macht es guten Sinn zu sagen: Wir vernichten mit dem Töten von Säugetieren im Grunde Lebewesen, die uns ganz nahe stehen, die unsere Verwandten sind. Ein Schimpanse – ein Menschenaffe – ist taxonomisch unser Vetter! Recht verstanden bedeutet das 5. Gebot »Du darfst nichts töten, was lebt, außer im äußersten Notfall – und der darf nie die Regel werden!« Die Abschaffung der allgemeinen »Wehrpflicht«, mihint der gesetzlich verordneten Einübung aller Jungen im Alter von 18 Jahren in die jeweils effizienteste Form des Tötens von Menschen, ist das Mindeste, was in der Auslegung des 5. Gebots für die kirchliche »Verkündigung« sich ergeben müsste, verbunden mit einer Freigabe der immensen Ausgaben für Rüstung und Militär (jeden Tag in den USA mehr als 1 000 000 000 Dollar) für den Kampf gegen die eigentlichen Gründe menschlicher Gewalt: Hunger, Elend, Unrecht, Analphabetismus, Krankheit, Ausbeutung, Zerstörung der Natur …

6 Das sechste Gebot

Du sollst nicht ehebrechen.

Herr Drewermann, auch das 6. Gebot besteht nur aus einem einzigen Satz, und was gemeint ist, scheint wieder ganz klar zu sein. Aber die historischen Umstände und Bedingungen lassen hinsichtlich der von mir vermuteten Klarheit vielleicht doch Zweifel aufkommen.

Das 6. Gebot ist schon deshalb alles andere als klar, da die meisten augenblicklich dabei an unsere Form von Ehe denken. In den Tagen, als das 6. Gebot erlassen wurde, hatte man es in aller Regel dabei mit der Vielweiberei, der Polygamie, zu tun. Ein solches Gebot lässt sich moralisch vielleicht einfacher halten, wenn man Besitzer eines Harems ist und die Frauen nach Belieben wechseln kann. In der Monogamie sieht die Situation jedenfalls anders aus. Man muss auch bedenken, dass die Lebenszeit damals sehr viel kürzer ausgelegt war. Wenn man einer Frau die Treue halten soll, bis dass man ungefähr mit 50 Jahren stirbt, ist das eine andere Sache als wenn die Aussicht besteht, mit ihr noch weitere 30 Jahre zu verbringen. Die meisten Ehen in unserer Kultur werden ja schon etliche Jahre nach der Eheschließung geschieden, wenn sich herausstellt, dass man sich irgendwie vertan hat in der Partnerwahl, oder dann nach der Lebenswende, also ungefähr mit 50 Jahren, wenn die primären Ziele der Ehe erreicht worden sind. Mann und Frau fragen sich dann oft, was sie jetzt noch miteinander anfangen sollen. Man hat die biologischen Zwecke alle erfüllt. Man hat Kinder großgezogen, man hat ein Haus eingerichtet, und was nun? Es bräuchte jetzt neue Sinninhalte. Eventuell ist überhaupt ein Nachdenken über den Sinn von Eheschließungen in den verschiedenen Kulturen notwendig.

Polygamie bedeutet, dass ein Mann mehrere Frauen hat. Schon das weicht von unserer Kultur sehr ab. Wir haben sogar – ich glaube 1954 – vom Bundesverfassungsgericht das Urteil gefällt bekommen, dass die Monogamie allen anderen Formen der Ehe moralisch überlegen sei. Doch das ist keineswegs sicher und bietet wohl ein weiteres Beispiel für die Bildung eines positiven Autosterotyps. – Es ist ein eurozentrisches Vorurteil, das vor allem die Einbindung einer Kultur in bestimmte Lebensräume mit eigenen Reproduktionsstrategien übersieht. Es gibt zum Beispiel in der Südsee die Form der Ehe, dass eine Frau mehrere Männer hat: die Polyandrie. Die »Vielmännerei« ist relativ selten; sie bedeutet, dass eine Frau einen Mann heiratet und auch mit dessen Brüdern lebt. Der Sinn dieser Einrichtung liegt darin, dass getrennte Familien mit vielen Kindern die Lebensgrundlage überfordern würden, und deshalb schließt man durch die Polyandrie die Geburt vieler Kinder aus: Eine Frau kann eben innerhalb von neun Monaten nur ein Kind bekommen, eine Art von sozial verfügter Geburtenkontrolle, wenn man so will. Das Umgekehrte, ein Mann mit vielen Frauen, ist sinnvoll bei hoher Kindersterblichkeit und großen ökonomischen Herausforderungen wie zum Beispiel bei den Viehzüchter-Nomaden des Orients. Ich will darauf hinaus, dass wir die verschiedenen Formen der Ehe nicht sofort mit moralischer Elle messen dürfen, nach gut und böse, richtig und falsch. Wir sagten eingangs schon: Moral beinhaltet ein flexibles Anpassungssystem an bestimmte Lebensbedingungen und ist darauf angelegt, optimale Verhältnisse zum Überleben zu schaffen. Sie hat zunächst mal einen vernünftigen pragmatischen Wert, und also müssen wir auch das 6. Gebot verstehen als ein Gesetz, das einmal unter konkreten historischen Bedingungen der Lebensfülle und dem Lebenserhalt dienen wollte.

Im Katechismus der katholischen Kirche, *deutsche Ausgabe 2003, heißt es, die »Geschlechtlichkeit« sei eine Sünde, wenn sie »um ihrer selbst willen angestrebt« werde, und sie sei von Natur aus »auf die*

Zeugung und Erziehung von Kindern hingeordnet«. Also nichts von
»Lebensfülle«!

Die Kirche verteidigt bis heute die Lehrmeinung, das oberste Ziel
der Ehe sei die Reproduktion. Das heißt: Aus dem 6. Gebot wurde
eine reine Sexualmoral abgeleitet: Sexualität hat denmach einzig
das Ziel, Nachkommen zu zeugen. Also ist sie außerhalb der Ehe
illegitim, nach der Ehe illegitim, und in der Ehe muss sie offen
bleiben für mögliche Nachkommenschaft. Daraus ergab sich vor
allem für die Kinder und Jugendlichen in der katholischen Kirche
das Gebot der Keuschheit: Jedes »freiwillig« herbeigeführte
sexuelle Empfinden – »in Gedanken, Worten und symbolischen
Werken« – galt als eine »schwere Sünde«. Man bedrohte also 8-jäh-
rige Kommunionkinder buchstäblich mit der Hölle. Die neurotischen Schuldgefühle und Sexualängste sind von der katholischen
Kirche niemals eingestanden worden; im Gegenteil: sie hat 1992 im
»Weltkatechismus« dieselbe Lehre erneuert. Viele Störungen in
der Ehe ergeben sich in direkter Linie aus der Sexualunterdrü-
ckung der Kirche. Darin liegt zudem auch begründet, dass die
katholische Kirche bis heute alle künstlichen Formen der Emp-
fängnisverhütung verbietet. Dass Mann und Frau zusammenkom-
men unter Verwendung von Kondomen, Spiralen, empfängnisver-
hütenden Pillen oder der »Pille danach«, gilt der Kirche ebenfalls
als Todsünde. Sie bekam es fertig, auf der »Weltbevölkerungskon-
ferenz« in Kairo – in Zusammenarbeit mit den Fundamentalisten
aus den USA und den Ayatollahs im Iran ein weltweites Geburten-
kontrollprogramm zu unterlaufen. Das bedeutet, dass sich die
Menschheit in den nächsten 30 Jahren absehbar von über 6 Milliarden auf über 9 Milliarden vermehren wird. Papst Johannes Paul
II. konnte in Nigeria erklären, dass die Warnung vor der Überbe-
völkerung »übertriebener Pessimismus« sei. Wir haben schon jetzt
50 Millionen Hungertote jedes Jahr. Wem das nicht Warnung
genug ist, macht sich der fahrlässigen Tötung von Millionen Menschen schuldig. Zudem: Die Kirche betrachtet die Frau immer

noch, wie es bei Homer in den alten griechischen Gesängen hieß, als »Saatland«, und die Kinder sind dessen Frucht. Das ist eine Vorstellung, bei der die Frau nur als biologisches Reproduktionswesen in Erscheinung tritt.

Merkwürdigerweise sind es die Biologen, die der Kirche hier widersprechen. Sie zeigen ganz einfach, dass schon im Tierreich Formen der Geburtenkontrolle existieren. Ein Tümpel, in dem Frösche leben, wird durchsetzt mit Hormonen, die aus dem Laich der Frösche abgesondert werden, und die wieder führen dahin, dass die Anzahl der sich entwickelnden Kaulquappen begrenzt wird. In einem Froschteich kann vernünftigerweise nur so viel an Nachkommenschaft zur Welt kommen, wie in etwa darin leben kann. Es zeigt sich des näheren, dass Sexualität auch bei den Tieren keinesfalls nur der Zeugung von Nachkommen dient. Ganz im Gegenteil! Die Sexualität übernimmt eine ganze Reihe von Funktionen. Bei einem Besuch im Zoo kann man erleben, wie zum Beispiel bei Pavianen Sexualität benutzt wird, etwa in der Aufreitdrohung: Ein Männchen demonstriert durch Darstellung des Sexualaktes, dass es Überlegenheit beansprucht. Es hat überhaupt keine Absicht, Sexualfunktionen auszuüben, es ist eine Machtdemonstration – männliche Herrschaft, gebunden an ein sexuelles Ausdrucksmoment, das einen Signalcharakter trägt. Andererseits: Ein Weibchen kann mit dem eigenen Körper nicht nur ein Jungtier großziehen. Es kann ihm zum Beispiel die Brust zeigen, um es anzulocken und damit einen Schutzraum zu gewähren. Bei uns Menschen ist die weibliche Brust so weit vergrößert, dass sie als ein wichtiges Sexualsignal in Frage kommt, doch das ist nur eine Variante in der Evolution der Primaten; zum Beispiel bei den Dscheladas in Äthiopien sind es die roten Brüste, die als entsprechendes Signal wirken. Bei den Menschen ist die weibliche Brust hingegen nicht über die Färbung, sondern über die Form attraktiv geworden, und sie dient dann dem Liebesspiel. Schon bei den höheren Wirbeltieren, insbesondere bei den Primaten, dient die Sexualität also keineswegs nur der Fortpflanzung, sondern sie erfüllt eine

Reihe sozial bedeutsamer Aufgaben wie Rangdemonstration, Werbeverhalten, Partnerbindung usw. Wenn die katholische Kirche ihre Moral schon mit biologischen Argumenten untermauern möchte, muss sie die Biologie auch korrekt zur Kenntnis nehmen. Dann sieht man: Biologie ist nicht einfach Biologie. Wer von Biologie redet, denkt an Lebensvorgänge, und die sind offen für eine ganze Reihe von Möglichkeiten.

Ich glaube, wir müssen vor allem lernen, dass die Evolution, die wir durchlaufen haben, über die bloße Biologie hinaus kulturell eine Vielzahl weiterer Schritte getan hat. Schon bei den Tieren ist ja ein sehr komplexes, ritualisiertes Werbeverhalten zu beobachten, bis ein Männchen ein Weibchen findet und umgekehrt. Alle möglichen Balzspiele und Kommentkämpfe, Formen der Anlockung und der Flucht, werden durchlaufen, ehe die Partnerwahl vollzogen wird. Darin liegt etwas sehr Wichtiges: Wenn es nicht mehr egal ist, wen man zum Partner wählt – wohlgemerkt sind es in der Regel die Weibchen, die diese Wahl treffen –, gerät in die Weitergabe der Gene etwas hinein, das im Endeffekt einen persönlichen Faktor darstellt. Das Individuum in seiner Unvertauschbarkeit wird zunehmend wesentlicher, je höher sich die Evolution entwickelt. Und so – sollten wir denken – formt sich aus der Tierreihe allmählich das, was wir Liebe nennen. Wir lernen ein Individuum kennen als eine einzigartige Kostbarkeit, und das eigentlich macht die Bindungsenergie aus, die wir einer Ehe unterstellen. Wir möchten die Ehe nicht als einen bloßen Zweckverband zur Aufzucht von Jungen eingehen. Störche beispielsweise legen Tausende von Kilometern zurück, um ihren Partner wiederzufinden. Aber im Grunde geht es den Störchen nicht um ihren Partner, sondern sie begeben sich an denselben Platz, wo das Nest war. Man spricht von einer Ortsmonogamie. Den Störchen ist es sozusagen egal, mit wem sie sich paaren, wenn bloß der Ort stimmt. Ganz anders offensichtlich bei uns Menschen: Es ist egal, ob man in Deutschland oder in Australien heiratet, wenn nur der Partner stimmt, und zu dem hin legen wir jede Entfernung auf Erden zurück.

Bei der Deutung des 6. Gebotes spielt die eheliche Treue eine wichtige
Rolle. Die Treue, so heißt es, zeigt sich darin, dass ein gegebenes Wort
gehalten wird. Kann man denn eheliche Treue überhaupt ein für alle-
mal versprechen?

Ich behaupte, dass es niemanden gibt, der sich – verheiratet mit
einer Frau bzw. mit einem Mann – nicht sagen würde: »Ich möchte
dich immer lieben. Du bist mein Glück. Und das soll unverbrüch-
lich sein. Ich kann mir gar nicht vorstellen, einen anderen Menschen zu lieben.« Normalerweise nehmen Menschen ihr Versprechen am Traualtar oder beim Standesbeamten wirklich ernst. Doch
dann zeigt sich in unserer Gesellschaft, dass mehr als ein Drittel
aller Ehen scheitert. Sie zerbrechen. Ist nicht ein Ehebruch in aller
Regel nur das Eingeständnis dessen, dass die Beziehung gestört ist,
vielleicht sogar irreparabel? Kann man dann mit dem 6. Gebot
kommen und sagen: »Du sollst nicht ehebrechen«? Und: »Du
darfst dich auch nicht scheiden lassen«, wie die katholische Kirche
sagt? Ich glaube nicht, dass das so richtig ist.

Wir müssen auch noch etwas anderes bedenken. Das große
Interesse, das alle Gemeinschaften an Eheschließungen haben, liegt
keinesfalls nur im Biologischen, sondern vor allem im Sozialen.
Über die Aufzucht der Kinder wird das Erbe der Eltern, wird das
Vermögen der Eltern, das gebildet wurde, über die Generationen
weitergegeben. Und um das zu regulieren, ist für die Gesellschaft
die Frage wichtig: Wie kanalisiert man das Erbschaftsrecht? Welche
Kinder treten welches Erbe an? Läuft das über die Linie der Mutter, läuft das über die Linie des Vaters? An Besitz hat die Gesellschaft immer ein Interesse, und der wird festgeschrieben in den
Eheverhältnissen. Ein wirklich wichtiges Motiv für eine Heirat war
rein wirtschaftlich geprägt noch bis ins 19. Jahrhundert hinein.
Man heiratete in dörflichen Verhältnissen, das waren damals über
80 Prozent aller Menschen, zwischen den Höfen. Der Zweck einer
Ehe war es oft, einen Hof zu halten oder zu übernehmen. Es war
völlig unmöglich für eine Frau sich vorzustellen, wie sie unter sol-

chen Umständen aus der Ehe herausgehen sollte. Sie wäre ins finanzielle Nichts geraten. Sie war gebunden an ihren Mann einfach durch die wirtschaftliche Abhängigkeit, in die sie hineinverfügt worden war. Sie musste als Arbeitskraft natürlich mitwirken auf dem Hof, in der Landwirtschaft; sie war Bäuerin. Diese sozialen Bindungselemente waren sehr stark. Und schaut man genau hin, dann sind sie auch heute noch vorhanden. Ich kenne Ehepaare, die miserabel miteinander auskommen, aber die – damit ihre Kinder keinen Schaden erleiden – beschließen, zusammenzubleiben, mindestens solange, bis die Kinder 14 oder 16 Jahre alt sind. Oder sie rechnen sich aus, dass eine Ehescheidung für sie beide finanziell ruinös wäre. Also müssen sie zusammenbleiben. Das ist, wenn man so will, eine Form sozialer Treue, die man gewissermaßen von der partnerschaftlichen Treue unterscheiden müsste.

Dem steht, so finde ich, gegenüber – wenn ich an der Stelle auch einen Griff in die Kulturgeschichte tun darf – ein ganzheitliches Verhalten, so wie es für die Bewegung der Romantik kennzeichnend war, also seit Ende des 18. Jahrhunderts. Gefühl und Phantasie, das waren zum Beispiel sehr typische Begriffe dieser Zeit. Und die Dichter sprachen gern von der »beseligenden Kraft der Liebe«.

Schon im 2. Kapitel der Genesis ist davon die Rede, dass Mann und Frau, der Mensch und die Männin, einander begegnen und sie keinen Grund haben, sich voreinander zu schämen. Sie gehen aufeinander zu, weil jeder dem anderen fehlen würde, wenn es ihn nicht gäbe. Es ist das Erleben einer vollkommenen Ergänzung. Die Frau – erklärt uns die Mythe – sei geschaffen worden aus der Rippe Adams, sie liege ihm wie eine Wunde am Herzen, und diese könne sich nur schließen in der Begegnung mit der Frau, die so gebildet worden sei. Die Frau erscheint da als die Gestalt gewordene Sehnsucht, als der Traum eines langen Schlafes, der zum Leben erweckt wurde. So begegnen sich im Paradies der Welt die beiden Menschen. Sie denken nicht an Nachkommen, sie finden ein unendliches Glück einfach darin, sich zu begegnen. Und wie in Erinnerung dessen beginnt in der romantischen Dichtung sowie in Philosophie und Religionsauffassung eine Wandlung in der Vorstellung von der Ehe: Sie soll sich nicht mehr gründen auf biologische Zwecke und auf soziale Zwänge; sie soll sich gründen auf die Sehnsucht des Herzens. Nur die Liebe soll ausschlaggebend dafür sein, wer zu wem gehört. Liebende gehören zusammen.

Dieses in gewissem Sinne revolutionäre Verständnis der Romantik von der (bürgerlichen) Ehe als einer reinen Liebesgemeinschaft spricht zweifellos eine tiefe Wahrheit aus: die Ehe ist (oder sollte sein) eine Seelenverbundenheit zwischen zwei Personen; nur: braucht, wenn es so steht, die Liebe überhaupt noch die Ehe? Und vor allem: was ist mit denen, die – aus was für Gründen auch immer – aufgehört haben sich zu lieben, die aneinander müde geworden sind, die sich abgearbeitet haben an endlosen Missverständnissen, die ihre Beziehung zunehmend als ein Unglück empfinden? Und was ist mit all denen, die bis ins Psychosomatische krank werden an ihrer Beziehung? Muss man sie weiter zusammenzwingen mit dem 6. Gebot? Die Antwort kann nach allem Gesagten eigentlich nur lauten: Nein. Wenn das 6. Gebot dem Leben dient, wie alle vernünftigen Gebote, dann muss man den Wortlaut dieses Gebotes relativieren dürfen. Friedrich Nietzsche meinte einmal in der berühmten Spruchsammlung *Also sprach Zarathustra:* »Wohl brach ich die Ehe, so sprach mir das Weiblein, doch zuerst brach die Ehe mich. Besser ist Ehebrechen als Ehebiegen, als Ehelügen.« Das soll heißen: Wenn Menschen ehrlicherweise gar keine wirklichen Gefühle mehr füreinander haben, ist es dann moralisch zu nennen, wenn man sie unter Opfern und Heucheleien, Täuschungen und Selbsttäuschungen aneinanderleimt?

Die katholische Kirche erlaubt keine Ehescheidung und beharrt auf der Unauflöslichkeit der Ehe. Es gibt im Neuen Testament eine Reihe von Stellen, die hinter dieser Auffassung zu stehen scheinen und es im Grunde doch nicht tun. Im 5. Kapitel des Matthäus-

Evangeliums, in der Bergpredigt, kommt Jesus auch auf das 6. Gebot zu sprechen. Er sagt sinngemäß: Der Ehebruch beginnt ja nicht erst mit dem Ehebruch, sondern wer einer Frau hinterher schaut, der begeht bereits Ehebruch, wörtlich: »der hat schon mit ihr die Ehe gebrochen in seinem Herzen«.

Wenn das so stimmt, dann stellt sich die Frage: Wie rettet man die Liebe vor ihrem Erkalten? Wie bewahrt man die kleine Flamme der Zärtlichkeit vor dem Ersticken? Sagen wir so: In der Therapie von Menschen, die an ihrer Ehe leiden, oder von Eheleuten, die darüber nachsinnen, wie es nun weitergehen soll, wird man immer wieder finden, dass die Gründe der Liebe, von denen die Romantik so schön sprach, in der Seele der Menschen tief verwurzelt sind. Die Erfahrungen der frühen Kindheit mit den Eltern kehren im Liebesleben von Erwachsenen jetzt wieder. Man sucht den Vater oder die Mutter im Ehepartner. Alle Wünsche von damals tauchen wieder auf, alle Ängste von damals mischen sich verwirrend in die Ehe-Beziehung und müssen noch einmal durchgearbeitet werden. Das kann heilsam ausfallen, muss es aber nicht; es kann genauso gut ins Zerstörerische geraten. – Vielleicht nimmt man an dieser Stelle einmal den Roman *Die Wahlverwandtschaften* als Beispiel, den Goethe in die Zeit der Romantik geschrieben hat. Goethe beschreibt dort, wie vier Menschen aneinander unglücklich werden buchstäblich bis zum Tod, weil sie einander lieben müssen, ohne wirklich zu verstehen, warum sie es tun. Die Wahlverwandtschaften tragen ihren Namen nach der Eigenart bestimmter chemischer Elemente, dass sie sich aus schon bestehenden Verbindungen lösen, wenn stärkere Bindungsenergien sie in andere Verhältnisse zwingen. Es geht um eine Art Naturgeschichte der Seele, die Goethe dort beschreibt. Dabei ist es bis heute nicht recht klar, ob Goethe geglaubt hat, die Ehe als Institution unbedingt verteidigen zu müssen, oder ob er nicht vielmehr die Fragwürdigkeit der Ehe zur Diskussion stellen wollte. Was ein Riesenunterschied besteht jedenfalls zwischen *Goethes Werther* und den *Wahlverwandtschaften!*

Wir müssten aber den Dichterfürsten von Weimar konfrontieren mit den Entdeckungen, die hundert Jahre später in der Psychoanalyse aufgekommen sind. Die quasi chemische naturgesetzliche Bindungsenergie der Liebe erfolgt – man müsste mit Sigmund Freud sagen – durch Übertragung von Gefühlen und Beziehungen aus Kindertagen: Was ursprünglich einmal den Eltern galt, wiederholt sich nun wie unter Zwang in der Beziehung zwischen Mann und Frau. Kein Psychotherapeut, der mit Menschen wie aus den *Wahlverwandtschaften* konfrontiert ist, wird im Voraus wissen, ob eine Ehe weiterbestehen kann oder nicht. Alles hängt von der weiteren Entwicklung der Partner ab; und selbst wenn der eine weiter zu seiner Persönlichkeit reift, bleibt die Frage, wie der andere dazu steht und welche Möglichkeiten er hat, die eintretenden Veränderungen zu akzeptieren. Oft rächst es sich dabei, dass eine zu frühe Wandlung der Liebenden zu der Rolle von Vater und Mutter bestimmte Festschreibungen in der wechselseitigen Wahrnehmung mit sich gebracht hat. Leute, die darüber klagen, dass sie zu »Ehebrechern« geworden sind, wird man in der Psychotherapie jedenfalls nicht mit erhobenem Zeigefinger verurteilen dürfen. Die Frage lautet: Welche Gründe haben dazu geführt, dass eine andere, eine neue Konstellation zustande kam? Und weiter: Kann es nicht sein, dass ein vermeintlicher Ehebruch nur eine Neuorientierung darstellt zu einem Glück, das ehrlicher und offener sein möchte?

Theodor Fontane hat bekanntlich sehr spät zu schreiben begonnen, aber in seinem frühen Roman *L'Adultera* hat er gerade dieses Thema gewählt: die Ehebrecherin. Fontane wollte zeigen, dass ein Traum möglich ist, den Goethe in gewisser Weise noch ausgeschlossen hatte: dass eine durch Ehebruch entstandene neue Beziehung tragfähig sein kann für ein neues Leben und dass vielleicht der zurückgebliebene Ehemann nach einer Phase der Traurigkeit – auch des Zorns und der Empörung – seiner Gemahlin von einst das Glück in der neuen Beziehung gönnt und es zu einer Versöhnung aller kommt. In dem Roman *Effi Briest* hat Fontane dann freilich das genaue Gegenteil gezeigt: wie ein Mann eifersüchtig den Liebhaber seiner Frau – Jahre nach deren Fehltritt – im Duell erschießt. Damit hat der Herr Baron – wie er glaubt – seine »gesellschaftliche Ehre« wieder hergestellt. Aber er hat in Wahrheit seine Ehe gleich mit getötet, aus Herzlosigkeit und Pedanterie.

Im 10. Kapitel des Markus-Evangeliums wird Jesus von den Phari-säern gefragt, was er von der Ehescheidung halte, und Jesus sagt: »Was Gott verbunden hat, das soll der Mensch nicht trennen.« Wie muss man diese rigorose Aussage verstehen?

Bei den Rabbinen jener Zeit gingen die Meinungen auseinander. Es gab eine strenge Gruppe um Rabbi Schammai, die sich auf das mosaische Gesetz bezog, in dem steht, man darf eine Frau entlas-sen bei einer unehrbaren Sache (Dtn 24, 1); darunter verstand diese Gruppe einzig und allein den Ehebruch der Frau. Die män-nerfreundlichere Richtung des Rabbi Hillel hingegen erklärte, dass eine unehrbare Sache alles Mögliche sein könne, zum Beispiel dass das Mittagessen anbrennt. Wenn dem Mann die Frau nicht mehr gefällt – man muss ergänzen: aus jedem beliebigen Grunde –, hat er nach dieser Schriftauslegung das Recht, sie zu entlassen. Bei die-sem ganzen Hin und Her geht es typischerweise um schriftgelehrte Juristerei. Aber Jesus debattiert nicht vor- und rückwärts, was in der Bibel alles steht, um der einen oder anderen Rabbinenschule zuzustimmen oder nicht. Jesus sagt: Die Frage überhaupt zeigt schon, dass ihr nicht wisst, was Liebe ist, was Gott gemeint hat am Anfang der Schöpfungsordnung, als er die Menschen schuf als Mann und Frau. Und was Gott zusammengefügt hat, das sollt ihr nicht trennen. – Ich kann das nicht anders verstehen, als dass Jesus damit im Grunde sagt: Wer weiß, was Liebe ist, denkt nicht an Ehebruch und Ehescheidung und hat auch das ganze Gesetz nicht nötig. Treue ist nicht Grundlage oder Voraussetzung der Liebe, sie ist deren Folge! Sogar Hegel hat das in seiner Rechtsphilosophie sehr richtig gesagt: »Das Ehegesetz beginnt dort, wo die Liebe auf-hört.«

123

Es gibt im 8. Kapitel des Johannes-Evangeliums eine interessante Geschichte, die – wie ich finde – sehr viel über Jesus aussagt. Die »Schriftgelehrten und Pharisäer« bringen, wie es heißt, eine Frau zu ihm, die man auf frischer Tat beim Ehebruch ertappt hat. Und als sie von Jesus wissen wollen, was mit der Frau geschehen soll, bekommen sie zur Antwort: »Wer unter euch ohne Sünde ist, der werfe den ersten Stein auf sie.«

Das Johannes-Evangelium, das letzte der vier Evangelien, ist schon geschrieben, als man im 8. Kapitel nachträglich diesen Text einfügt, offenbar weil diese Jesus-Überlieferung – zunächst jedenfalls – denn doch zu gewagt schien. Die Rabbinen also schleppen eine Frau herbei, bezichtigen sie des Ehebruchs und verweisen auf Moses, der im Gesetz geboten habe, solche Frauen zu steinigen. So steht es wirklich in Levitikus 20, 10. Von dem Mann freilich, mit dem es passiert sein muss, hören wir bezeichnenderweise gar nichts; der ist über alle Berge. Und da stehen sie nun, gewissermaßen die Steine schon in der Hand, die sie zu werfen gedenken. Wohlgemerkt, in den Tagen Jesu war jenes Gebot schon so gut wie außer Kraft. Es war den Juden ja nicht erlaubt, Todesstrafen zu vollziehen; das hätten die Römer tun müssen, aber deren Rechtsvorstellungen waren natürlich andere. Rabbi Johanan Ben Zakkai übrigens, der eigentliche pharisäische Führer des Judentums nach dem Jahre 70, hat später den Ehebruch von der Todesstrafe gelöst mit dem bezeichnenden Argument, die Männer könnten die Todesstrafe über Frauen nicht verhängen, da sie ja in dieser Frage befangen seien in ihrem Urteil. So lange konnte Jesus allerdings nicht warten, und er bekommt an dieser Stelle sozusagen ein Wunder fertig. Er gibt die Todesstrafe frei für denjenigen, der sich ohne jede Sünde weiß; dann aber soll er auch als Erster den Stein werfen! Das verändert die Perspektive vollkommen. Es geht nicht mehr darum, was die Frau getan hat. Es geht darum, dass Jesus die Männer, die da vor ihm stehen, allesamt dahin bringt zu erkennen, dass es keinerlei Recht gibt, über einen anderen die Todesstrafe zu verhängen, ohne sie gleichzeitig für sich selber auszusprechen. Das ist ein Gedanke, der bei Paulus weiterlebt: »Das Gesetz ist der Tod.« Welch ein Mensch kann in einer Welt leben, die nur von Gesetzen geregelt wird? Zudem bricht dieser eine Satz den Mob der Strafwütigen auf. Es ist nicht länger möglich, sich als Mitglied des Gottesvolkes, der ewig Richtigen, zu fühlen, die als Gruppe (als Kirche, als Partei) sich von den »Bösen« reinigen müssen; die Frage ist: Wer bist du selber als Mensch? Bist du wirklich die Verkörperung der Reinheit und Gerechtigkeit? Du müsstest vom Menschen – vom anderen und von dir selbst – kaum etwas verstanden haben, wenn du nicht um die Gebrechlichkeit des moralischen Willens wüsstest. Wir sind gewohnt, Jesus als völlig sündenlos zu sehen, versuchbar wohl, weil er ein Mensch war, aber als Gottes Sohn unfähig zur Sünde. In der Geschichte bei Johannes, als alle Männer weggegangen sind, sagt Jesus indessen zu der Frau: »Auch ich verurteile dich nicht. Geh hin und sündige von jetzt an nicht mehr.«

Wir haben in unserem Gespräch schon ausführlich aus dem 10. Kapitel des Markus-Evangeliums zitiert. Da gibt es noch eine Stelle, die mich etwas erstaunt, nämlich Vers 12, aus dem hervorgeht, dass auch eine Frau den Scheidebrief ausstellen kann.

Dazu muss man wissen, dass bei Markus 10, 11-12 nicht mehr, wie bei Matthäus 5, 32, die polygame jüdische, sondern die monogame hellenistische Eheordnung vorausgesetzt wird. Trennung und Scheidung sind hier auch nicht klar unterschieden, und erst eine neue Heirat macht die Trennung unwiderruflich. Nur in dieser ganz anderen kulturellen Welt besitzt eine Frau – relativ gleichberechtigt – die Möglichkeit, sich von ihrem Mann zu trennen. Es zeigt sich an diesen Unterschieden zwischen den Evangelien ziemlich klar, dass man schon damals versucht hat, die Grundhaltung Jesu zur Liebe an historisch wechselnde Verhältnisse anzupassen; die moralisch-dogmatische Fixierung der katholischen Kirche kann sich also gerade nicht auf derartige Texte stützen. In diesem

Zusammenhang ein Blick auf den Islam: Wir denken uns den Islam als äußerst frauenfeindlich und bilden uns ein, dass wir diesbezüglich eine hohe Überlegenheit besäßen. In Wahrheit hat Mohammed im 7. Jahrhundert nach Christus eine ganze Reihe von Bedingungen und Bestimmungen geschaffen und erlassen, durch die sich die Stellung der Frau verbesserte gegenüber den Zuständen, die er angetroffen hatte. Eine dieser Verbesserungen sah Mohammed darin, es zu ermöglichen, dass der Mann die Frau, die Frau aber auch den Mann entlassen konnte. Es genügte eine begründete Unzufriedenheit der Frau, zum Beispiel mangelnde Sorge und Verantwortung des Mannes, dann konnte in einer dem Koran gemäßen Form die Frau buchstäblich ihre Sachen packen und alles, was sie eingebracht hat in die Ehe, wieder mitnehmen (vgl. Koran, II 227, 229, 233). Es ist schon die Rabulistik mancher Koraninterpreten nötig, um diese klaren Bestimmungen zu umgehen, so dass wir in alttestamentliche Verhältnisse zurückversetzt werden. Tatsächlich ist die Rechtsprechung im Islam heute in vielen Ländern extrem konservativ. Man hat dabei scheinbar vergessen, dass Mohammed als Kulturrevolutionär von Allah gepredigt hat und dass die im Koran niedergeschriebenen Offenbarungen visionär waren. Aber das gilt für alle Auslegungen religiöser Texte, die unhistorisch als maßgeblich genommen werden, obwohl sie schon Jahrhunderte oder Jahrtausende alt sind. Es ist die Schuld der Theologen, dass sie, statt dem Leben zu dienen, oft nur ihrem Herrschaftswissen Opfer bringen – und dann Menschen zu Opfern machen.

7 | Das siebente Gebot

Du sollst nicht stehlen.

Herr Drewermann, wie das 5. und 6. Gebot so besteht auch das 7. Gebot nur aus einem Satz: »Du sollst nicht stehlen.« Weiß jeder auf Anhieb, was gemeint ist?

Eigentlich ja, nur anders als es verstanden wird. Wenn wir hören »Du sollst nicht stehlen«, dann haben wir ein ganzes Kaleidoskop von Begriffen, die definieren, was Eigentum ist, was Aneignung von Eigentum, was Übergriff auf fremdes Eigentum. Der Hintergrund ist eigentlich viel einfacher, und da genügt es wiederum, einen Blick in das Zusammenleben von Tiergemeinschaften zu werfen. Gesetzt, Sie reichen – was man nicht tun sollte – in einen Käfig mit Primaten, also Affen, ein Stück Käse; dann steht der Besitz und der Verzehr dieses Stückes dem Alpha-Tier der Primatengruppe zu, und alle anderen können zusehen. Wenn der Pascha will, kann er davon auch etwas abgeben, aber erst dann, wenn er selber satt ist. Mit einem Wort: Besitzansprüche sind als erstes Machtansprüche, und das Eigentum verteilt sich entlang der Rangpyramide innerhalb der Gruppe. Wir Menschen verschleiern die Klarheit dieses Sachverhaltes, die unter Tieren üblich ist. Der amerikanische Dichter Herman Melville hat in seinem Roman *Moby Dick* auf seine Weise im Jahre 1851 halb ernsthaft, halb ironisch einmal darüber Rechenschaft gegeben. Er nimmt exemplarisch als Beleg die Jagd auf einen Wal: Es kommt vor, dass ein Wal harpuniert wurde, aber dann haben starke Winde ihn abgetrieben; die Mannschaft, die ihn erlegt hat, ist nicht in der Lage, ihn an der Leine zu halten. Gesetzt, zwei Tage später wird der harpunierte Wal aufgebracht von einem anderen Walfänger; wem gehört der Wal dann – denjenigen, die ihn ursprünglich erlegt haben, oder denjenigen, die ihn jetzt aufnehmen? Dieer Kasus ist unter Walfängern nicht klar geregelt. Es ist zu unterscheiden zwischen »Losfisch« und »Festfisch«: Ein Festfisch ist einer, der buchstäblich an der Leine hängt, und der gehört demjenigen, der die Leine geworfen hat und imstande ist, sein Beuteobjekt zu halten. Wenn nicht, ist er seiner Ansprüche augenblicklich ledig. Wo die Ansprüche nicht eindeutig sind, wird das Faustrecht für Klarheit sorgen. Wer freilich jetzt denkt, auf hoher See gehe es eben so unter wüsten Burschen zu, den macht Melville darauf aufmerksam, dass es in unserer »zivilisierten« Welt auf dem Festland noch viel wüster zugeht. Was ist denn Indien für das Britische Empire anderes als ein Losfisch gewesen? Was wird Mexiko für die Vereinigten Staaten von Amerika sein, wenn nicht ein Losfisch? Was ist das Haus eines armen Bürgers, der erpresst wird von einem Reichen, wenn nicht ein Losfisch? Will sagen: Überall zeigt sich, dass die Macht das Eigentumsrecht diktiert. Es verklausuliert und verschleiert sich allerdings in Rechtsansprüchen auf »wohl erworbenes Eigentum«. Bei Gerhart Hauptmann in dem Stück *Der Biberpelz* heißt es an einer Stelle: »Wenn du es erst mal hast, fragt dich keiner mehr, woher es kommt.« Die Verschleierung des Erwerbs und die Repräsentation des Besitzes als angeblich von Gott gegeben war immer eine Dauerlüge der bürgerlichen Gesellschaft.

Es gibt Kulturen an den Rändern unserer so genannten Zivilisation, die wir primitiv nennen, zum Beispiel die Dakota-Indianer auf den Plains in Nordamerika. Dort war es noch vor einigen Jahren üblich, dass in den Schulen der Sioux ein Kind aus der Klassengemeinschaft ausgeschlossen wurde, das etwas als sein Eigentum beanspruchte. Manche Sprachforscher betonen, dass die Sioux ein solches Wort wie »mein« überhaupt nicht kennen. Sie können nicht sagen »mein Pferd«, sie können nur sagen »ein Pferd in Bezug zu mir«. Das heißt: Ein Pferd gehört sich selber, es kann lediglich zu mir in eine Beziehung treten. Und so die ganze Mutter Erde! Für die Indianerkulturen war die Mutter Erde Grundlage des Lebens aller ihrer Kinder. Und niemand konnte einen Teil der

Mutter für sich beanspruchen. Mit einem Wort: Alleine schon sich einen Teil der Erde anzueignen, war in diesem Verständnis Diebstahl, – ein Verbrechen, schlimmer als eine inzestuöse Vergewaltigung. Und ich glaube, die Indianer haben in der Tiefe ihres religiösen Bewusstseins vollkommen Recht. Wenn unser ganzes Leben ein Geschenk ist, wäre es dann nicht angebracht, darüber nachzusinnen, dass uns nichts gehört? Wenn alles ein Geschenk ist, folgt daraus nicht, dass wir lernen sollten, alles zu teilen? Dann ist sogar das Gebot »Du sollst nicht stehlen« ein Phantom. Es müsste eigentlich lauten: »Lernt so miteinander zu leben, dass die Form des gesellschaftlichen Teilens eine Notlage überflüssig macht, in der Stehlen zum einzigen Ausweg wird.« In einer Welt, in der das gemeinsame Teilen Pflicht wäre, gäbe es keinen Hunger; die Erde brächte genügend hervor für alle.

Das erinnert mich an den französischen Frühsozialisten Proudhon, der in seiner Schrift »Was ist Eigentum?« im Jahre 1840 kurz und bündig erklärte: »Eigentum ist Diebstahl«.

Das ist ein Gedanke, den man im Sinne Jesu – und religiös betrachtet – nur bejahen kann. Ich möchte in dem Zusammenhang aus Rainer Maria Rilkes *Stundenbuch* zitieren, und zwar aus dem »Buch von der Pilgerschaft«, erschienen 1901. Da führt ein Mönch mit Gott die folgende Rede:

> Du musst nicht bangen, Gott. Sie sagen: *mein*
> zu allen Dingen, die geduldig sind.
> Sie sind wie Wind, der an die Zweige streift
> und sagt: *mein* Baum.
>
> Sie merken kaum,
> wie alles glüht, was ihre Hand ergreift, –
> so dass sie's auch an seinem letzten Saum
> nicht halten könnten ohne zu verbrennen.

Sie sagen *mein*, wie manchmal einer gern
den Fürsten Freund nennt im Gespräch mit Bauern,
wenn dieser Fürst sehr groß ist und – sehr fern.
Sie sagen *mein* von ihren fremden Mauern
und kennen gar nicht ihres Hauses Herrn.
Sie sagen *mein* und nennen das Besitz,
wenn jedes Ding sich schließt, dem sie sich nahn,
so wie ein abgeschmackter Charlatan
vielleicht die Sonne sein nennt und den Blitz.
So sagen sie: mein Leben, meine Frau,
mein Hund, mein Kind, und wissen doch genau,
dass alles: Leben, Frau und Hund und Kind
fremde Gebilde sind, daran sie blind
mit ihren ausgestreckten Händen stoßen.
Gewissheit freilich ist das nur den Großen,
die sich nach Augen sehnen. Denn die Andern
wollens nicht hören, dass ihr armes Wandern
mit keinem Dinge rings zusammenhängt,
dass sie, von ihrer Habe fortgedrängt,
nicht anerkannt von ihrem Eigentume
das Weib so wenig *haben* wie die Blume,
die eines fremden Lebens ist für alle.

Was Rilke beschreibt, ist im Grunde die Tragödie der Besitzenden,
die glauben ihr eigenes Leben zu vermehren, wenn sie die Hände
zusammenkrallen um irgendeinen Gegenstand. Aber der Gegenstand ist tot in ihren Händen, und sie merken nicht, dass ihre Fes-
selung an das Tote sie selber tötet. Der Psychoanalytiker Erich
Fromm hat einmal unsere ganze Gesellschaftsordnung als nekro-
phil bezeichnet, als verliebt in den Tod. Er meinte, wenn das tote
Material Geld zum alles Bedeutenden und schließlich zum einzig
Bedeutenden wird, dann hat man am Ende nur noch den Tod als
einzigen Besitz. Mit Geld ist alles käuflich; die ganze Welt zum
Ausverkauf! Jeder Fluss, jeder Strand, jeder Urwald, jeder Berg –

zum Ausverkauf für den Meistbietenden. Derjenige, der viel Geld hat, kann tun und lassen, was er will. Er kann einen Flugplatz anlegen oder ein Kulturzentrum bauen, ein Gebiet touristisch erschließen für Bungalows und Hotels oder auch Hochhäuser irgendwo hinklotzen lassen, er kann Stallungen für die Produktion von Rindfleisch für Burger King oder McDonald's errichten lassen. Was er ermordet an Pflanzen, Tieren, Indios – völlig egal: Er hat einen Rechtsanspruch auf Schutz durch den Staat, dem er ein paar Steuergroschen dafür hinwirft, dass er auf diese Weise sein Geld vermehren kann. Wenn das heißt, Eigentum zu beanspruchen und Eigentum zu vermehren, hat Proudhon vollkommen Recht. Was steckt dahinter, dass Menschen glauben, sie seien etwas, wenn sie etwas besäßen? Sie sind als Personen so leer, dass sie wie Vampire alles Mögliche in sich hineinschlingen müssen, um einen Inhalt zu bekommen. Da dieser Inhalt aber selber tot ist, werden sie selber dadurch nicht lebendiger Wie bei Süchtigen kann das, was sie begehren, niemals den Hunger stillen, den sie wirklich haben. Es müsste ein Hunger danach sein, ein menschliches Leben zu führen, geliebt zu werden für das, was man ist, und Austausch zu pflegen miteinander. Die Meinung Jesu in diesem Punkt ist rabiat: Wenn ihr schon Geld habt, stellt sich nur die Frage: Schafft ihr euch mit dem Geld Freunde oder Feinde? Seine Empfehlung lautet: »Schafft euch Freunde mit dem ungerechten Mammon.« So in Lukas 16, 9. Er will im Grunde sagen: Wenn ihr Geld habt und gebt zumindest das, was ihr nicht für euch selber braucht, teilend aus für diejenigen, die es benötigen, dann werdet ihr eine Welt von Freunden haben.

Was sind die Antriebe dafür, immer mehr besitzen zu wollen? Der Volksmund sagt: Je mehr er hat, je mehr er will. Und nach der katholischen Lehre gelten Gier und Geiz als Todsünde, jedenfalls als schlimme Laster, die ja auch – denke ich – zusammengehören.

Gier und Geiz sind überaus schädlich und zerstörerisch. Aber wie kommen denn Menschen dazu, etwas so Ungünstiges und Schäd-

liches sich selbst und anderen anzutun? Vielleicht ist das Begriffs-
paar Gier und Geiz am besten zur Erklärung geeignet, wie es der
gerade genannte Erich Fromm in seiner kleinen Schrift entwickelt
hat: *Haben oder Sein*. Fromm wollte psychoanalytisch zeigen: Menschen, die in ihrem Sein schwere Defizite fühlen, versuchen diese
Mängel zu kompensieren durch Hab-Macht. – Als Beispiel für
diese These taugen vielleicht Gedanken, die der an chronischer
Armut leidende russische Dichter Dostojewski vor allem in seinem
Roman *Der Jüngling* entwickelt hat. Er schildert dort in dem Jungen Arkadi jemanden, der gezeugt worden ist von einem reichen,
vornehmen Herrn, der als Vater erst spät in Erscheinung tritt. Er
hat seine Magd zur Geliebten genommen, das Kind wurde in ein
Internat gegeben und dort gehänselt, weil es gar keine richtigen
Eltern hatte. Und in dies Gefälle hinein entwickelt Arkadi einen
originären Gedanken: Er möchte ein Rothschild werden. Dostojewski fragte zwischen den Zeilen – wir schreiben das Jahr 1875 im
zaristischen Rußland –, was denn die lebende Generation der Väter
ihren Kindern eigentlich an Idealen mit auf den Weg gibt. Woran
glauben die Erwachsenen eigentlich? Doch nicht etwa ans Christentum! Dass Geld etwas sehr Reales ist und viel Geld so ziemlich
alles rechtfertigt, daran glauben sie. Und dass man ganz viel Geld
braucht, um ein ganz großer Mann zu werden, das lernt Arkadi.
Wenn es ihm möglich würde, durch Sparsamkeit und kluge
Geschäfte und im Erfolgsfall durch Spekulieren mit Aktien an der
Börse langsam aufzusteigen zu einem vermögenden Mann, könnte
er sich am Ende sogar leisten, eine Art Wohltäter zu werden.
Arkadi fragt nicht, was ihm die Dinge bedeuten könnten, er fragt
lediglich, was sie als Verkaufswert auf dem Markt darstellen, als
Objekte der Geldvermehrung. Und Arkadi sinnt weiter nach: »Ich
trete vor den Spiegel und entdecke, dass ich nicht eigentlich ein gut
aussehender Mann bin, wenngleich auch nicht hässlich. Nur –
wenn ich viel Geld hätte, würden alle Frauen mich für einen sehr
schönen Mann halten.« Im Grunde ist alles käuflich; Geld entdeckt
sich als die Macht, die das Leben in Gang hält, auf Amerikanisch:

Money makes the world go round. Dostojewskis Entwicklungs-roman besteht schon vor 130 Jahren im Grunde in der Frage, wie dieser Wahn sich auflösen lässt durch Liebe und menschliche Beziehungen und durch wirkliche Gefühle, die den Menschen aus seiner Einsamkeit herauslocken.

Im 6. Kapitel des Matthäus-Evangeliums sagt Jesus, der selber völlig bedürfnislos lebt: »Sammelt euch nicht Schätze auf Erden, wo sie die Motten und der Rost fressen, sondern sammelt euch lieber Schätze im Himmel.«

Damit meint Jesus: Sammelt Dinge, die menschlich wirklich Wert haben – so wie wenn euch heute noch der Tod träfe und ihr die Frage beantworten müsstet, wofür ihr gelebt habt. Die Reichen leben in der permanenten Angst vor Dieben und Einbrechern – auch das steht in der Bibel. Wir leben inzwischen in einer Welt, in der die Besitzenden ihre *bodyguards* brauchen. Ich war erschro-cken, in Brasiliens Großstädten zu sehen, wie alles, was halbwegs europäisch aussieht, mit Sicherheitszäunen umgeben ist, bewacht Tag und Nacht an den Eingangstoren, geschützt vor den über 200 Favelas, den Elendsquartieren, mitten in Rio. Das sind Zustände, die mich fürchten lassen, in ein paar Jahrzehnten könnten wir in Europa unter amerikanischem Einfluss in dieselbe Situation kom-men.

Nicht nur in Südamerika verschmilzt inzwischen das Diktat der Macht und der Gewalt mit dem Reichtum, und natürlich werden nicht nur dort Gesetze erlassen, um die Reichen zu schützen. Es ist wie in Carl Orffs *Die Kluge:* »Denn wer das Geld hat, hat die Macht, und wer die Macht hat, hat das Recht, und wer das Recht hat, bricht es auch.«

Es gibt auch bei uns das Strafgesetzbuch. Ladendiebstahl zum Beispiel ist verboten. Es ist so streng verboten, dass ein Ladendieb-stahl bei einer 14-Jährigen außerordentlich zu Buche schlägt, es steht sofort im Register. Andere Dinge sind weniger ehrenrührig.

Man macht Profit, indem man eine Firma aufkauft, die man eigentlich nur ausschlachten will und die man so in den Abgrund führt. Man entläßt bei VW oder bei der Telekom oder bei der Deutschen Bank Tausende von Arbeitern und Angestellten, weil man das Unternehmen an den Markt »anpassen« will. Dass man die Leute um ihr Brot bringt, um ihre Lebensgrundlage, die Familien ruiniert und ihre Kinder ins Abseits schiebt – das geht in Ordnung. Die Manager, die Menschen »freisetzen«, wie es so schön verharmlosend heißt, gelten als unternehmerisch flexibel. Was, so frage ich mich, heißt da eigentlich Diebstahl? Ich glaube, das 7. Gebot, wenn es einen Sinn macht, sollte uns nachdenklich werden lassen über die Eigentumsverhältnisse insgesamt.

Drehen wir die Sache doch einmal anders. Vor einer Weile erlebte ich die Geschichte eines jungen Mannes mit, den man mit 14 Jahren dabei entdeckte, dass er Buntstifte gestohlen hatte – und dieses sein Vergehen war. Als er wieder straffällig wurde, spielte das eine große Rolle: Er hatte Buntstifte gestohlen! Er hat damals als 14-Jähriger schon nicht gesagt, was dahinter stand. Aber es genügte eine halbe Stunde des Vertrauens, um ihn gesprächig zu machen, und er erzählte mir, wie es gekommen war. Sein Vater war ein Alkoholiker, und immer, wenn es zu Hause mal wieder rund ging, brachte die Mutter ihn zur Tante. Und die hatte den 8-/9-Jährigen mit Buntstiften malen lassen, um ihn zu beruhigen. Diese Tante war, als der Junge 13 war, gestorben. In dieser Zeit ist der Ladendiebstahl mit den Buntstiften geschehen. Man braucht nicht viel Phantasie, um sich vorzustellen, was sich in der Seele dieses Jungen ereignete. Er hatte den Menschen verloren, der den letzten Sicherungsraum für ihn gebildet hatte. Sie haben an einer anderen Stelle Dostojewski zitiert: »Ein Mensch braucht doch irgend einen Ort, wo er hingehen kann.« Den gab es nicht mehr für diesen Jungen. Er hat mit dem Diebstahl der Buntstifte gewissermaßen seine verstorbene Tante mit bloßen Händen aus der Erde gebuddelt. Die Buntstifte waren wie ein magisches Objekt, die Tante nicht verloren zu geben. Er wollte sich nicht aneignen, was ihm nicht gehörte;

er wollte nur irgendwo hingehören. Vielleicht sind manche »Diebstähle« nur ein Ausdruck für den Hunger der Seele oder des Körpers, während die wirklichen Einbrüche und Raubüberfälle von vornehmen Herren in der 20. Etage eines gläsernen Hochhauses begangen werden, ohne dass sie eine Strafe zu fürchten hätten.

Ein Ladendieb wird, mögen die Motive fürs Stehlen sein wie sie wollen, in aller Regel bestraft. Und deshalb weigere ich mich auch, hochbezahlte Manager in der Industrie als arme Teufel zu bezeichnen: Leute, die erst ein Untenehmen ruinieren und sich dann Millionen an Abfindungen einstecken oder sich von komplizenhaften Aufsichtsräten genehmigen lassen.

Es *sind* »arme Teufel«, weil sie im Grunde armselig dran sind. Aber ich weiß, was Sie meinen. Ich sehe die Gesichter vor mir, wie sie breit grinsend mit zwei Fingern der Kamera ihr Victory-Zeichen vorhalten und der Justiz auf der Nase herumtanzen, unter der Assistenz vieler guter gutbezahlter Rechtsanwälte.

Man muss hier freilich von »armen Teufeln« sprechen, wenn man die Dinge psychologisch betrachtet. Ein Mensch, der glaubt, dass er mit vielen Millionen Euro oder Dollar reich sei, definiert Reichtum nur materiell. Und er merkt nicht, wieviel er an Menschlichkeit eingebüßt hat, um in dieser verdrehten Weise sich über das Unglück von Menschen hinwegzulachen, die er soeben in großer Zahl entlassen hat.

An dieser Stelle wird unsere psychologisierende Betrachtung aber auch bald schon ihre Grenze finden, denn die kapitalistische Wirtschaftsordnung lässt sich nicht auf die private Psychologie einzelner Unternehmer zurückführen. Wir müssen zugestehen, dass die Zwänge im kapitalistischen Wirtschaftssystem weitgehend strukturell bedingt sind und nicht der individuellen Freiheit unterliegen. Die hier agierenden Manager sind so viel wie geklonte Nullen, die irgendeine Zahl brauchen, damit sie eine quantitative Bedeutung gewinnen. Sie selber sind gar nichts, aber was man ihnen buchstäblich vorschreibt, das kann darüber entscheiden, an welcher numerischen Marke sie als Wert auflaufen.

Sagen wir es deutlich: Die Analyse des Kapitalismus, die Karl Marx vorgelegt hat, taugt noch heute für jeden Gewerkschaftskongress. Marx hat den Kapitalismus darauf zurückgeführt, dass nach der Mehrwerttheorie die Unternehmer die Arbeiter produzieren lassen, so dass das Produkt am Ende auf dem Markt viel mehr abwirft, als man dem Arbeiter als Lohn auszahlt. Und diese Spanne zwischen dem Gewinn, den man mit dem Produkt machen kann, und den Kosten, die die Produktion bei der Entlohnung der Arbeiter benötigt, nannte Karl Marx den Mehrwert. Die Arbeiter haben an Wert viel mehr hergestellt als sie zurückbekommen. Wenn nun aber die Arbeiter selber Eigentümer der Produktionsmittel und der von ihnen hergestellten Produkte würden, hörte auch die Ausbeutung auf. Das war die Vorstellung, die im 19. Jahrhundert und auch noch im 20. Jahrhundert – politisch verwaltet im Ostblock – gepflegt wurde.

Diese Analyse der Ausbeutung der Arbeiter im Kapitalismus ist jedoch nicht vollständig, denn sie fragt nicht, wer denn die Produkte kaufen kann. »Wer versilbert eigentlich den Unternehmern ihren Mehrwert?«, fragte um 1910 Rosa Luxemburg. Und ihre Vorstellung war gar nicht falsch. Der Kapitalismus lebt nicht einfach vom Mehrwert, sondern im Grunde vom Schuldenmachen. Man wird Unternehmer, indem man Kapital aufnimmt bei der Bank oder man lässt es sich geben von irgendwelchen Aktionären. Dann aber steht man unter Erfolgsdruck. Man muss nicht nur produzieren, man muss so viel Profit machen, dass man in überschaubarer Zeit die Schuldsumme abtragen kann. Da aber dieser Rückführprozess der Kredite Zeit braucht, liegen automatisch Zinsen drauf, die man mit verdienen muss. Je länger es dauert, dass man die Schulden abzahlen kann, desto höher sind die Zinsen. Deswegen steht der Kapitalismus unter einem permanenten Wachstumsdruck. Zwei Prozent, drei Prozent Wachstum müssen permanent sein, sonst kommt dieses System nicht zurande. Dieser Druck liegt im ganzen Kapitalismus, und er verbindet sich zudem noch mit einem permanenten Konkurrenzzwang. Nehmen wir die großen Erdölkonzerne. Sie haben im Jahr 2005 die Krise, ausgelöst durch den Hurrikan Katrina im Golf von Mexiko, genutzt für gewaltige Preisanstiege, die überhaupt nicht nötig waren. Dennoch hat das ganze eine immanente Logik. Der Verbrauch von Öl wird immer größer werden schon dadurch, dass man über 1,2 Milliarden Chinesen, über 1 Milliarde Inder als potenzielle Autokonsumenten mit in den Markt hineinzieht. Gleichzeitig nehmen die Erdölreserven weltweit immer mehr ab. Man muss immer kompliziertere technologische Verfahren anwenden, um überhaupt noch eine genügende Menge Erdöl fördern zu können. Dafür braucht man wieder riesige Geldsummen, und nur wer über genügend Kapital verfügt, kann sich neue Anlagen zur Förderung von Erdöl wirklich leisten.

Wenn früher eine große Aktiengesellschaft 1 000 Leute entlassen musste oder 5 000 oder 10 000 oder 20 000, dann fielen die Aktien dieses Unternehmens, und man dachte, mit dieser Firma gehe es bergab, sie gehe wohl bald in Konkurs. Wenn heutzutage ein großes Industriewerk ankündigt, dass es ein paar tausend Beschäftigte entlassen wird oder dass es die Produktion nach Osteuropa oder Fernost verlagern wird, dann steigen die Aktienkurse.

Wir haben heute eine Situation, in der man konkurrenzfähig nur bleibt, wenn man Produkte verbilligt. Dafür gibt es im Prinzip nur zwei Möglichkeiten. Man kann die Rohstoffe billiger einkaufen, dann muss man aber die Interessen vor allem der Länder der »Dritten Welt« missachten, man handelt das Massenelend von Millionen Menschen ein, die nur ihr Land unter den Füßen haben, das man auszubeuten gedenkt. Das ist der eine Faktor, der Rohstofffaktor. Er bedeutet, dass uns der Kapitalismus mit System globale Verteilungskriege beschert. Natürlich ist zum Beispiel den Amerikanern nicht daran gelegen, in Afghanistan die Frauenmode zu ändern, um Gleichberechtigung einzuführen. Sie wollen Erdölpipelines haben, die just vom Kaspischen Meer durch Afghanistan ins »befreundete« Pakistan und ins Arabische Meer führen. Sie sind auch dabei, im Tschad über 2 000 Meilen Pipelines zu legen. Man hat immer gedacht, der Tschad sei ein Armutsland, – ist er auch, aber plötzlich entdeckt man in Westafrika große Erdölfelder. Sao Tomé, ein eigener afrikanischer Staat mit weniger Einwohnern als Paderborn, wird zu einem Weltimperium für die amerikanische Erdölindustrie aufgebaut in Konkurrenz wiederum mit der chinesischen Erdölindustrie. So könnte man endlos fortsetzen. Der Rohstofffaktor muss also möglichst verbilligt werden. Das ist der eine Teil der Kostengestaltung. Und zum zweiten: Man kann an der Lohnspirale, am »Kostenfaktor Arbeit«, drehen, und dann ist es vollkommen plausibel: Für die Aktionäre ist es vorteilhaft, dass man gerade wieder rationalisiert und Arbeiter massenhaft entlassen hat. Das liegt in der Logik des Systems.

Und noch etwas: Wir haben heute nicht einmal mehr den »ehrlichen« am Profit orientierten Manchester-Kapitalismus des 18./19. Jahrhunderts; wir haben im Grunde einen Selbstbedienungsladen des Kapitals. Wir haben Unternehmen, deren größter Anteil im Gewinn an den Börsen erzielt wird, nicht auf dem Markt. Deshalb halte ich es für absurd, dass man den Unternehmen den »Faktor Arbeit« immer noch weiter verbilligt. Notwendig wären die Besteuerung von Gewinnen bei der Börsenspekulation und die Erhebung von Zöllen bei Verlagerung von Produktion oder Kapital ins Ausland. Zu denken ist auch daran, die sozialen, ökologischen, gesundheitlichen und politischen Folgekosten dieser Art von Wirtschaft in die Preisgestaltung aufzunehmen; denn diese Art der betriebswirtschaftlichen Verbilligung eines Produkts macht volkswirtschaftlich und global alles nur unerschwinglich teuer, obwohl unsere Politiker diese Tatsache tapfer verleugnen. Es sieht so aus, als wären »die da oben« wer weiß wie mächtig und entscheidungsfrei in allem. Sie sind es aber nicht. Sie unterliegen selber wirklich harten Gesetzen, so wie Marx sie eigentlich dem Prinzip nach beschrieben hat, wenn auch noch nicht unter den Bedingungen von heute, in denen die Banken und die Börsen so wichtig geworden sind. Das Spekulationskapital hat im 19. Jahrhundert noch lange nicht die Rolle gespielt wie derzeit.

Bei Leo Tolstoi gibt es in dem Stück *Die Macht der Finsternis* eine kleine Szene, in der er einen alten Bauern im Gespräch mit einem Freund sich darüber unterhalten lässt, wie man denn leben sollte. Und der Freund sagt: »Du bist vollkommen altmodisch, bestellst dein Feld und wirst nie etwas werden. Brüderchen, du musst das Geld nehmen und zur Bank tragen. Da arbeitet es. Es vermehrt sich von alleine.« Und der alte Bauer sagt: »Wie geht denn das an? Du liegst auf dem Ofen, tust gar nichts und wirst reich dabei? Das ist doch Diebstahl! Das kann doch nicht gottgewollt sein, Brüderchen!« Tolstoi nannte genau das vor über hundert Jahren die »Macht der Finsternis«.

Wie haben ja nun viel gesprochen über Arm und Reich, über den »Turbokapitalismus« – vielleicht könnte man auch sagen »Raubtierkapitalismus« – und über die zu beobachtende neue Hemmungslosigkeit. Eigentlich müsste man da zum Zyniker werden…

Es gab im Alten Griechenland eine Bewegung, die sich die Kyniker nannte, abgeleitet von *kyon*, der Hund. Das war ein Versuch, am Beginn der antiken Stadtkultur in Griechenland Alternativen zu bilden. Gegen das sich formierende wohlhabende Bürgertum richtete sich die Philosophie und die Lebensart der »kynischen« Aussteiger. Diogenes von Sinope, geboren um 400, zum Beispiel ist uns bekannt als der Mann, der in der Tonne saß. Von ihm sind viele Anekdoten bekannt, so etwa diese: Als die Stadt Korinth von Philipp von Mazedonien belagert wird, herrscht große Unruhe. Die Leute verstärken die Mauern, bringen ihr Eigentum in Sicherheit, alles ist durcheinander. Und da nun steigt Diogenes aus seiner Tonne und rollt sie die Straße auf, die Straße ab. Die Leute, nervös wie sie sind, fragen, was der Unsinn soll. Und er erklärt: »Ich will doch unter so vielen Beschäftigten nicht als der einzige Müßige erscheinen.« Diogenes wollte sagen: Ihr lieben Leute von Korinth, ihr habt bisher geglaubt, dass ihr das seid, was ihr in Händen habt, euer Haben wäre euer Sein. Von diesem Wahn könnte euch jetzt Philipp von Mazedonien erlösen, denn es könnte ja sein, dass die ganze Stadt in Brand gerät, und dann wäre es mit dem ganzen Besitzschwindel vorbei. – Von einem anderen Kyniker wird überliefert, dass er bei einem reichen Mann eingeladen war, der ihm die Schönheit seines Hauses zeigte: den marmornen Boden, die Wandmalereien, die reichen Statuen. Als die Vorstellung vorüber war, spuckte der Besucher dem Reichen ins Gesicht, der beleidigt und wütend fragte, was das solle, und zur Antwort erhielt: »Ich fand in diesem wunderschönen Haus gar keinen anderen Ort, wohin ich hätte spucken können.« Der Philosoph wollte sagen: Nicht eine Stunde möchte ich so leben wie du.

Um von der antiken Philosophie zum Christentum zurückzukommen: Vielleicht ist ganz grundsätzlich die Frage zu stellen, ob wir die Zehn Gebote zur Stabilisierung der bürgerlichen Welt nehmen oder – wie Sie es selber genannt haben – als »Therapeutikum zur Vermenschlichung des Einzelnen«.

Natürlich kann für mich nur der zweite Ansatz gültig sein. Und ich denke, im Sinne Jesu und des ganzen Neuen Testaments ist diese Interpretationslinie sozusagen pflichtweise vorgegeben. Im 25. Kapitel des Matthäus-Evangeliums wird die ganze Botschaft des Mannes aus Nazareth gleichsam zusammengefasst. Jesus spricht da vom Jüngsten Gericht, und sinngemäß sagt er: »Wenn es aufs Ganze geht, wenn sich entscheiden soll, wer du als Mensch warst, wird Gott ein paar Fragen an dich richten. Du hast in deinem Leben Menschen erlebt, die waren arm, die hatten Hunger, die waren fremd, geflohen aus ihrer Heimat an einen Ort, wo sie nie sein wollten. Und nun wird Gott dich fragen, wie du darauf reagiert hast. Was hast du getan, um Menschen zu umhüllen mit einer Kleidung, die ihnen Schönheit und Würde wieder verleiht, um

Arme zu bereichern und Fremde heimisch zu machen, seelisch wie sozial.« Wörtlich sagt Jesus: »Was ihr einem von diesen meinen geringsten Brüdern getan habt, das habt ihr mir getan.«

Wem die christliche Frömmigkeitshaltung an dieser Stelle zu steil erscheint, dem sei mit der indischen geholfen. Für die indische Vorstellung ist derjenige, der einem Bettler etwas gibt, selber der Beschenkte. Ich habe das oft erlebt: Wenn man in Indien einem Bettler Geld gibt, dann verneigt man sich selber als der Gebende vor dem anderen, der erlaubt, dass man etwas Gutes tut. Dieser Bettler ist die Wahrheit über uns selbst. Es muss nur wenig passieren – und wir sitzen genau da, wo dieser Bettler gerade sitzt: eine unerwartete Arbeitslosigkeit, ein schwerer Verkehrsunfall, ein kleines Blutgerinnsel im Gehirn – und es ist plötzlich alles vorbei. Noch am heutigen Tage kann jeder etwas erleben, was ihn völlig aus der Bahn wirft. Für jeden von uns – ob arm oder reich, ob gut oder böse – kann sich von einer Stunde auf die andere alles ändern.

8 | Das achte Gebot

Du sollst nicht falsch Zeugnis reden wider deinen
Nächsten.

Herr Drewermann, wer gegen einen anderen falsch aussagt, der ist auf jeden Fall ein Lügner und vielleicht noch etwas Schlimmeres, weil er ja »dem Nächsten« Schaden zufügt. Um was genau geht es in dem Gebot?

Es geht auch im 8. Gebot darum, das Zusammenleben von Menschen zu regeln. Verhindert werden soll, dass der eine den anderen gerichtswirksam zu Unrecht verklagt und dabei vielleicht sogar wissentlich, womöglich sogar unter Eid, eine Falschaussage macht. Wer einem anderen auf diese Weise Schaden zufügen will, muss selber mit Strafe rechnen. So entstehen aus dem 8. Gebot zwei Fragen: Was ist es mit dem Lügen überhaupt? (Im Sinne des Moralspiegels wurde aus dem 8. Gebot kurz und einfach: »Du sollst nicht lügen!«) Und: Was ist es mit dem Eid oder dem Meineid? Diese beiden Fragen hängen zusammen. Etwas Merkwürdiges liegt allein schon darin, dass wir das alltägliche Lügen zu unterdrücken versuchen, während wir die Erbschaft einer uralten Praxis des Lügens im Überlebenskampf wie etwas ganz Normales übernommen haben. Und wieder ist hier ein Vergleich mit der Tierpsychologie hilfreich.

Denn es ist so, dass auch Tiere eine ganze Reihe falscher Signale geben, also bewusst oder unbewusst die Lüge handhaben, je nach Intelligenz. Im Volksmund gelten uns Katzen als falsch, für verlogen in diesem Sinne, und wenn wir mal ärgerlich sind über eine Frau, so sagen wir eventuell: »Das ist eine falsche Katze.« Das meint, sie hat weiche Pfötchen, doch plötzlich fährt sie die Krallen aus, oder sie schnurrt um die Füße, und plötzlich beißt sie zu. Einen Hund halten wir für treu und zuverlässig. In Wirklichkeit ist der Hund nur intelligenter, als es die Katzen sind. Eine Katze wird nicht einfach hinterrücks kratzen, sondern sie wird eine Reihe von Signalen geben, wann man sie in Ruhe lassen soll. Wenn jemand alle Signale übergeht, verdient er es nicht besser, als dass die Katze zulangt. Ein Hund kann wirklich lügen. Ein witziges Beispiel dafür wird von Konrad Lorenz überliefert. Er kam auf seinen Hof, und der Hund hatte ihn nicht sofort erkannt. Er hatte von weitem angefangen, ihn anzubellen. Und nun das Unglaubliche: Der Hund erkannte, dass er sein eigenes Herrchen verbellen wollte vom eigenen Grund. Daraufhin hat der Hund – offensichtlich aus einer Art Schamgefühl heraus – angefangen, in eine andere Richtung zu bellen, über den Zaun hinweg. Er wollte sozusagen ausdrücken: Lieber Lorenz, glaube nicht, dass ich ein dummer, treuloser Hund bin, ich wollte dich doch nicht verbellen, ich bin ein so scharfsinniger Hund, dass ich einen Feind, den du nicht wahrgenommen hast, verbelle. – Es ist ein kleiner Trick, den ein Hund mit ein bisschen Verstellung anzuwenden vermag.

Wir lernen an diesem kleinen Beispiel, dass es auch mal edle Gefühle sein können, die uns zur Lüge treiben. Im ganzen Tierreich – muss man sagen – ist die Welt voller Überlebenstricks. Dieselbe Katze, die nicht lügen kann, verfügt über ein Verhaltensrepertoire, das außerordentlich trickreich ist. Man kann beobachten, wie eine Katze eine Maus fängt. Sie kann lange Zeit vor dem Loch liegen und geduldig warten. Sie kann sich anschleichen, außerordentlich vorsichtig, aber wenn sie in eine bestimmte Distanz zu der Maus kommt, wird ihre Schwanzspitze anfangen zu schlagen und sich zu bewegen. Früher haben Verhaltensforscher gemeint, eine solche Katze werde ungeduldig, es handle sich um eine Art Übersprungshandlung. Sie wolle springen, könne aber noch nicht, und deshalb leite sie ihre Bewegung ab. Dem ist aber nicht so. Eine Katze kann so geduldig sein beim Beutefang, dass sie sich die Tour nicht noch in der letzten Sekunde vermasseln wird durch Ungeduld oder Übererregung. Was sie tut, ist viel klüger: Es bewegt sich nicht ihr ganzer Körper, sondern nur die Schwanzspitze. Die Maus soll auf diese Weise abgelenkt werden in ihrer Beobachtung von einem

Objekt, das vielleicht nur noch 40 Zentimeter von dem Mäuslein entfernt ist, und es soll überhaupt nicht merken, dass die Vorderpfoten der Katze sich schon auf wenige Zentimeter angenähert haben. Ein reiner Trick also, wenn man so will, eine Taktik im Angriffsverhalten.

Wir sprechen darüber hinaus von vielfältigen Formen der Mimikry im Verhalten der Tiere. Bis in die Körperform hinein kann die Gestalt eines Tieres – moralisch betrachtet – die reine Verlogenheit sein. Es kann so aussehen, wie wenn der Kopf da wäre, wo der Schwanz ist, und wieder umgekehrt, so dass ein mögliches Beuteopfer keine Chance haben soll zu bemerken, wo der Feind eigentlich steckt. Es kann auch harmlos sein: dass ein Schmetterling beispielsweise die Flügel aufklappt und zwei Augen zeigt, die so ähnlich aussehen wie die Augen eines Säugetieres, einer Katze möglicherweise, und ein Vogel soll und wird darüber einen großen Schrecken bekommen. Wohlgemerkt: Kein Schmetterling »lügt«; er hat überhaupt keine Ahnung, wie er selber aussieht. Er schaut nicht vorher in den Spiegel, was er tun muss, um angreifende Vögel zu verschrecken. Es hat sich lediglich im Verlauf des Überlebenskampfes herausselektiert, was am günstigsten für sein Überleben ist, was am besten dazu taugt, von Vögeln nicht gefressen zu werden, und das sind beim Schmetterling die Zufallsansammlungen von kreisrunden Flecken, die selber eigentlich gar keine Farbe bilden, sondern nur in der Strahlenbrechung des Sonnenlichts vor dem Wirbeltierauge so erscheinen, als wenn da Augen wären. Das alles ist sehr kompliziert, aber es ist in der Natur tausendfach verbreitet. Es können Tiere sich wie unsichtbar machen, indem sie aussehen wie ein abgestorbenes Blatt; andere können völlig verschmelzen mit dem Untergrund, wie die Plattfische etwa, die augenblicklich die Farbe des Sandbodens am Grunde des Meeres annehmen. All das sind Tricks – Mimikry ist das generelle Wort dafür: Angriffs-Mimikry, Verteidigungs-Mimikry, Paarungs-Mimikry – lauter Vorspielungen falscher Tatsachen, im Überlebenskampf scheinbar absolut normal und gerechtfertigt.

Auch der Mensch steht ja immerzu in einem Überlebenskampf. Aber wir Menschen verurteilen die Lüge und die Verstellung in aller Regel. Der Evangelist Johannes sagt sogar, der Vater der Lüge sei der Teufel.

Unter den Philosophen der Neuzeit ist es Immanuel Kant, der die Lüge am eindeutigsten moralisch verurteilt hat, und mit einem gewissen Recht: Die Lüge zerstört unter jedem Betracht das Vertrauen der Menschen zueinander. Sie legt die Lunte an die Grundlagen des Zusammenlebens. Und deshalb gibt es »kein vermeintliches Recht zu lügen«, meinte Kant.

Sein späterer Schüler Arthur Schopenhauer hat darüber um 1850 anders gedacht und gemeint, dass es erlaubt sein müsse, gegen die Gewalt Widerstand zu leisten, vor allem aus der Perspektive des Wehrlosen, durch die intelligente Waffe der Lüge. Er meinte: Wer Gewalt akzeptiert als ein Mittel der Verteidigung, muss Ja sagen zum begrenzten Gebrauch der Lüge. Er wollte damit sagen: Die Lüge ist selbst eine Art von Gewalt und so legitim oder illegitim wie Gewalt überhaupt. Gewalt ist die Verfügung der Freiheit des einen gegen die Freiheit des anderen. Und Lüge ist die Irreführung der Intelligenz des einen durch den anderen. – Nehmen wir wieder ein Beispiel. Darf man einem Gestapo-Beamten, der fragt, ob man einen Juden oder einen den Wehrdienst verweigernden Zeugen Jehovas bei sich versteckt hält, die Unwahrheit sagen? Die meisten, die dieses Büchlein lesen, werden sagen: Selbstverständlich! Vor allem deshalb, weil die Gewalt, die sich in der Person des Gestapo-Mannes personifiziert, in ihrem Unrecht offenkundig ist und dessen Frage keinen anderen Zweck verfolgt, als Unrecht und Inhumanität weiter zu verüben.

Wir sehen, dass die Lüge notwendig zu sein scheint in einer Situation der Bedrohung und der Wehrlosigkeit. Die Lüge ist ein Mittel zum Schutz und zur Selbstverteidigung. Anders gesagt: Lüge ist notwendig, solange wir die Angst des einen vor dem anderen nicht besiegt haben.

Eine andere Betrachtungsweise geht nicht aus von demjenigen, der lügt, sondern von demjenigen, dem wir unsere Mitteilungen machen. Es kann ja sein, dass sich die Frage stellt, welch eine Art von Wahrheit wir einem anderen zumuten. Denken wir an einen Arzt, der weiß, dass sein Patient schwer krebskrank ist. Darf er ihm sagen: »Es tut mir Leid, Herr Sowieso, ich gebe Ihnen ganze drei Wochen, wenn es hoch kommt zwei Monate, aber wir können bei Ihnen nichts mehr machen«? Er wird als Arzt förmlich die Verpflichtung spüren, die letzten Widerstandsreserven seines Patienten zu mobilisieren – also Motive zu schaffen, die den Lebenswillen antreiben –, und das geht nur durch eine Diagnose, die noch Chancen lässt. Er wird also aus Gründen der Menschlichkeit dem Patienten nicht die ganze Wahrheit sagen, und die halbe Wahrheit ist in diesem Falle eine vollständige Lüge. Um die Notwendigkeit der Lüge zu vermeiden, steht man vor einem schweren Problem: Was müsste geschehen, bis man einen anderen dahin bringt, die Wahrheit, die man ihm zumuten will, ertragen zu können?

Wieder sind wir dabei, dass wir eines der Zehn Gebote in einen psychologischen Therapiezusammenhang rücken. Das einfachste ist noch, eine Sprache anzuwenden, welche die Wahrheit zumutbar macht. Eine Frau – morgens beim Anziehen – fragt ihren Mann: »Geht das für heute?« Der Mann müsste ein Grobian sein, wenn er sagen würde: »Nein, das geht überhaupt nicht, ganz unmöglich, wie kannst du nur!« Viel besser ist, er würde sagen: »Ja, schon, aber ich denke mal, wie du letzten Sonntag ausgesehen hast, das war wunderschön.« Kurz: Er wird seine kleine Kritik sofort mit einem verbesserten Angebot versehen. Und diese Verkleidung des Unangenehmen in das Schätzenswerte macht die Lüge überflüssig durch eine liebevolle Form der Mitteilung. Niemand, der einen Menschen liebt, wird auf die Frage »Sehe ich zu dick aus?« sagen »Natürlich.« Er wird sagen: »Leidest du darunter, wie du aussiehst? Ich nicht. Aber wenn du es tust, können wir drüber nachdenken, wie wir uns vielleicht anders ernähren oder wie wir mehr Bewegung in unser Leben hineinbringen.« Man muss in solchen Fällen also nicht lügen, aber man muss auch nicht immer die ganze Wahrheit sagen. Man darf die Wahrheit jedenfalls nicht gebrauchen, um den anderen zu erniedrigen.

Der Psychoanalytiker Alfred Adler, ein Schüler von Sigmund Freud, behauptete, dass der Hintergrund für eine seelische Erkrankung in der Regel die Angst sei. Kann man das so akzeptieren?

Ich denke: Ja! Adler entwickelte um 1915 eine Neurosenpsychologie, in der er sich mit der Frage der Lüge beschäftigte. Menschen, die ständig in Angst leben, werden mit den Tricks der Mimikry immer wieder Ausflüchte suchen, um ihr Arrangement mit anderen Menschen zu finden. Sie müssen sich tüchtiger präsentieren als sie sind, sich gütiger darstellen als sie fühlen, sich besser geben als sie tatsächlich moralisch verfasst sind. Sie werden eine Außenwand errichten, die sich – je erfolgreicher das funktioniert – immer mehr von der Wirklichkeit entfernt. Und diese Brechungen, die jetzt im Charakter verankert liegen, bewirken am Ende Krankheiten. Geboren aus Angst, sind die Abwehrmechanismen der Angst am Ende selber Lügen, an die der Einzelne gebunden wird. Er kann sie nicht mehr loswerden. – Das Alte Testament erzählt, dass Adam und Eva nach ihrem Sündenfall sich Schurze herstellten aus Feigenlaub. Sie fingen an sich zu verdecken. Das ist die erste Lüge aus Angst, um die Wahrheit unsichtbar zu machen.

Oder ein literarisches Beispiel: Der amerikanische Schriftsteller Nathaniel Hawthorne schrieb um 1850 die Geschichte von dem scharlachroten Buchstaben: *The Scarlet Letter.* In diesem Roman wird das Schicksal einer Frau geschildert, die von dem Pastor des Ortes ein Kind bekommt. Sie sagt der Öffentlichkeit aber nicht, von wem sie es hat. Und der Pfarrer, der ebenfalls schweigt, wird immer angesehener. Er spricht erschütternd von der Schuld der Menschen und von der Notwendigkeit der Vergebung. Er gilt am Ort als ein Heiliger. Dabei fühlt er immer mehr, wie verflucht er ist vor Gott. Am Ende wird Hester Prynne, die Kindesmutter, ihm vorschlagen, doch einfach wegzugehen zu den Indianern oder nach

England, weg aus dieser kleinen puritanischen Miefgemeinde. Warum hat man nicht das Recht, sich zu sich selber zu bekennen und glücklich zu sein, diese ganze Welt der Verlogenheit hinter sich zu lassen? Aber dieser Pfarrer, der unter seinen Schuldgefühlen leidet, glaubt, dass er doch die Wahrheit schuldig sei – und es wird sein Herz daran zerbrechen. Eine sehr puritanische Geschichte, in der sich die Lüge auf furchtbare Weise selber bestraft.

Ich möchte, dass wir mehr Mitleid haben mit Menschen, die bei dem Versuch, ihr Leben zu bestimmen, Wege gehen, die im Grunde abwegig sind und immer weiter wegführen von sich selber. Denn man hilft ihnen nicht durch moralischen Rigorismus. In dem Roman *Der scharlachrote Buchstabe* wird der Ehemann dieser Frau, ein Arzt, auf die Suche gehen, wer der Vater des Kindes sei. Er vermutet schon, dass es der Pfarrer ist. Was jedoch Hawthorne beschreibt, ist, dass aus einem Mann, der als Arzt Menschen helfen wollte, ein wirklicher Teufel wird, der den anderen voller Hass ruiniert. Und er schildert gleichermaßen, wie ein Mensch, der schuldig ist, sich läutert und ein wirklich Heiliger wird, ja, dass eine Frau, die als Hure herumgejagt wird und der man in roter Farbe den Buchstaben A (für *adulteress*, Ehebrecherin) an die Brust heftet, ein wunderbarer Mensch sein kann.

Das 8. Gebot, mit dem wir uns hier beschäftigen, heißt: »Du sollst nicht falsch Zeugnis reden wider deinen Nächsten.« Das hat, denke ich, doch auch etwas mit dem Schwören zu tun, und schon im 4. Buch Moses wird gesagt, dass man keinen falschen Eid schwören darf.

So in Kapitel 30, wo es um die Verbindlichkeit von Gelübden und Eiden geht. Der Zusammenhang ist dieser: Das ganze 8. Gebot ruft nach einer Welt, in der die Menschen wahrhaftig werden. Und in Bezug zu dem, was »zu den Alten gesagt worden ist« – natürlich bei Moses – sagt Jesus in der Bergpredigt (in Matthäus 5, 33-36): »Ihr sollt überhaupt nicht schwören.« Das ist eigentlich unerhört, weil in Kirche und Gesellschaft bis heute der Eid als verwaltete Lüge vollkommen akzeptiert ist. So werden die Menschen nie wahrhaftiger, und vor allem: Sie machen sich etwas vor mit ihren Eidesleistungen. Ein Beamter muss zuverlässig sein, deshalb leistet er einen Amtseid; ein Soldat gehorsam, deshalb leistet er den Soldateneid. Ein Pastor muss dem Bischof treu sein und leistet seinen Eid – und der Bischof selber leistet den Eid auf die Landesverfassung; es hört nicht auf. Zwei Menschen, die heiraten, versprechen sich Treue fürs ganze Leben. Aber wie steht es damit? Kann ein Mensch wissen, wer er sein wird in zehn oder zwanzig Jahren? Hat der Mensch eine Verfügungsmacht über seine Zukunft, nur weil er sie plant?

Das ist im Grunde die Frage nach dem 8. Gebot: Wie werden Menschen identisch mit sich selber? Wie wird ihr Leben gleich einer Glocke, die schwingt und klingt an jeder Stelle, wo man sie anschlägt? Wenn erst einmal eine Selbstresonanz geschaffen ist, indem das menschliche Herz mit sich übereinstimmt, kann man erwarten, dass es Wahrheit redet. Menschen indessen, die in sich zerrissen und zerspalten sind, können die Wahrheit nicht wirklich leben. Keine moralische Frage ist das, sondern, wenn man so will, eine charakterpsychologische Frage. Ein Mensch kann nur so wahrhaftig sein im Reden wie er wahr ist in seinem Sein. Im Mittelalter sagte man: Das Handeln folgt dem Sein – *agere sequitur esse* meinten die Lateiner. Genauso ist es hier. Wahrhaftigkeit folgt aus der Wahrheit des Seins.

Die Folgerungen daraus sind sehr weitgehend und werfen ein Licht auf unser öffentliches Leben. Noch einmal Immanuel Kant: Er meinte in seinen *Gedanken zum Ewigen Frieden*, es gebe ein einfaches Formalprinzip sittlichen Handelns für einen Politiker, »für jemanden, der Verantwortung in der Öffentlichkeit zu tragen vorgibt«, das sei die Öffentlichkeit selbst: »Handle so, dass die Absicht deines Handelns jederzeit öffentlich bekannt gemacht werden kann.« So besehen entfällt jedes Recht auf Spionage, Geheimdienstarbeit, Geheimdiplomatie, falsche Versprechungen im Wahlkampf usw. Man kann vor allem einen Krieg nur führen, indem man bereits im Vorlauf die Lüge in Kauf nimmt. Man sagt, das erste Opfer eines Krieges sei die Wahrheit, und das stimmt auch. Ein ganzer Trupp von Journalisten wird eingeladen, damit sie schreiben, was die Generäle und Presseoffiziere ihnen vorsagen. Der Nachrichtensender CNN wird aufgeboten, die ganze Welt zu belügen. Im September 2005 erklärte der frühere US-Außenminister Colin Powell, es tue ihm sehr Leid, dass er im Februar 2003 vor dem Sicherheitsrat der UN erklärt habe, Saddam Hussein verfüge über Massenvernichtungswaffen, um so den Irak-Krieg zu begründen. Aber dabei lügt Herr Powell schon wieder, indem er nämlich erklärt, die CIA und die nachrichtendienstlichen Ermittlungen seien in die Irre gegangen. Hat der nicht miterlebt, wie die Bush-Administration die Geheimdienste gegeneinander ausgespielt hat, damit sie endlich Nachrichten lieferten, die man kriegsbegründend verwerten konnte? Da kann man nicht sagen: Die Nachrichtendienste haben sich geirrt. Sie waren so geschickt im Lügen, dass am Ende sogar diejenigen, die den Betrug in Auftrag gaben, täuschbar wurden. Eine selbst bestellte Lüge ist ein Selbstbetrug, nichts weiter, und Herr Powell war ein Teil dieses famosen Systems. Die Wahrheit wurde instrumentalisiert, zur Lüge umgebogen, um eine Begründung für den Krieg zu haben.

In dem Zusammenhang fällt mir eine Stelle aus dem Roman Der Prozess *von Franz Kafka ein, und zwar betrifft es das Kapitel »Im Dom«. Da heißt es so: »›Man muss nicht alles für wahr halten‹, sagte der Geistliche, ›man muss es nur für notwendig halten.‹ ›Trübselige Meinung‹, sagte K., ›die Lüge wird zur Weltordnung gemacht.‹«*

Das ist ja schon längst so. Es ist als hätten wir George Orwells »Neusprech« im Reich des Großen Bruders aus dem Roman *1984* weit hinter uns gelassen. Wie heißt es doch? »Krieg ist Frieden. Freiheit ist Sklaverei. Unwissenheit ist Stärke.« Dementsprechend ist die NATO eine Friedensbewegung, das Abholzen der Wälder ein Beitrag zum Naturschutz, das Versiegeln von täglich 100 Hektar

Boden unter Beton und Asphalt ist ein begrüßenswerter Fortschritt. Massenentlassungen sind in unserer Wettbewerbsgesellschaft die wirksamste Form der Arbeitsbeschaffung; Jagd ist Tierschutz, Massentierhaltung ist eine Form der Tierhygiene usw. Wenn wir die Zeitung lesen, sollen wir die Wahrheit gar nicht erfahren; man präsentiert uns Halbwahrheiten. Man erklärt bei den Neokonservativen in den USA: »Wir schaffen die Wirklichkeit.« Das soll heißen: Wir verbreiten Lügen, um dann die Dinge tun zu können, die wir tun wollen, weil wir sie für notwendig halten. Wir unterliegen in der medialisierten Öffentlichkeit einem ungeheuren Informationsstrom, der übersättigt ist von Lügen, die zu erkennen wir gar keine Chance haben. Was wirklich passierte, wie es wirklich war, das erfahren wir vielleicht viele Jahre später. Dann kann man sich die Wahrheit leisten, weil sie keine wesentlichen Folgen mehr für die Gegenwart besitzt. Die ganze Regierungskunst besteht im Verbrämen, in der Vernebelung der wahren Sachverhalte, im Schönreden. – Oder ein anderes Beispiel: Die gesamte Sprache der Werbung ist irreführend und verlogen. Man wirbt für »Marlboro«-Zigaretten mit Bildern von Freiheit, von Schönheit, mit der Landschaft, mit der Gesundheit am Lagerfeuer. Die Wahrheit ist, man inhaliert sich den Krebs. Ich frage mich: Muss man den schönen Bildern wirklich glauben? Kann man nicht wissen, wie da gearbeitet wird, und damit der Macht der Lüge ihre Wirksamkeit nehmen?

Die Umwertung der Werte und wie Sprachinhalte verdreht werden, geradezu auf den Kopf gestellt werden, erleben wir tagtäglich in den Medien. In den Börsenmeldungen heißt es, ein Unternehmen habe eine »Gewinnwarnung« ausgesprochen, wo es doch »Verlustwarnung« heißen müsste. Eine Automobilfirma spricht voneiner »Qualitätsgarantie«, wenn sie mangelhafte Autos in die Werkstatt rufen muss. Oder wir hören, dass ein Betrieb einen Verlust »erwirtschaftet« hat oder dass eine Firma »Insolvenz« angemeldet hat, als wenn das etwas Positives wäre!

Auch das ist nicht neu, es ist nur in der heutigen »Kommunikationsgesellschaft« viel stärker wahrnehmbar – wenn man es denn wahrzunehmen imstande ist. Derjenige hat die Macht, der die Sprache verwaltet und darüber entscheidet, wie man etwas benennt. Beispielsweise möchten die Amerikaner im Irak-Krieg alle Attentäter als Terroristen bezeichnen. Wenn es so ist, dann gibt es im Antiterrorkampf nur eine Antwort: weiteren Krieg, weiteres Töten. Und es geht offenbar völlig aus dem Bewusstsein, dass im 20. Jahrhundert der Guerillakrieg, der Befreiungskampf gegen den Kolonialismus oder den westlichen Imperialismus, immer wieder mit derartigen »asymmetrischen« Formen der Kriegsführung gearbeitet hat. Wenn das Sprachspiel auf »Terrorist« festgelegt wird, ist die Idee eines Guerillakrieges total diskreditiert.

Ein anderes Beispiel: Wenn in den Tagen der ehemaligen DDR Leute durch irgendwelche Tunnels nach West-Berlin geschleust wurden, hatte man es zu tun mit Fluchthelfern. Inzwischen reden wir von Fluchthelfern überhaupt nicht mehr. Wir haben Schieberbanden, wie man jetzt sagt. Dass bei uns Flüchtlinge ankommen, die vor dem bloßen Nichts irgendwo auf der Suche sind nach einem Ort, an dem sie leben können, wird als völlig illegitim bezeichnet. Dass die so genannten Schleuserbanden unglaubliche Erpressungsformen gegenüber den Notleidenden an den Tag legen, ist unbezweifelbar; was da geschieht, ist Ausbeutung von Menschen. Aber das Problem liegt ja nicht bei den Schleuserbanden. Wirtschaftsflüchtlinge, so sagen die Politiker, haben bei uns nichts verloren, und deshalb sprechen sie von »Abschieben«. Das bedeutet: Wir haben Menschen vor uns, die uns vollkommen egal sind, wenn wir sie nur loswerden. Wie Herbstlaub fegen wir sie zur Tür hinaus. – Ein paar Begriffe können bewirken, dass wir am Ende für die bare Unmenschlichkeit überhaupt kein Gefühl mehr aufbringen. Herrschaft über Menschen ist wesentlich eine Herrschaft über die Sprache, und politische Macht hat derjenige, der die Deutungshoheit besitzt, indem er die Kompetenz der Begriffsverleihung geltend macht.

Im Herbst 2005 fanden Neuwahlen zum Deutschen Bundestag statt. Nach meiner Erinnerung wurde in dem Wahlkampf damals ständig durch Lüge und Verdrehung »falsches Zeugnis« wider den Nächsten geredet.

Ja klar. Man benutzt irgendeinen Halbsatz, von dem man weiß, dass man ihn durch Verdrehung zur Waffe der Agitation machen kann. Ich glaube, dass Politik ohne diese Praktiken so lange nicht auskommt, wie sich unsere parteiengebundene Demokratie wesentlich als Kampf um den Erwerb und um den Erhalt von Macht definiert. Diese Machtversessenheit der politischen Parteien ist völlig inkompatibel mit der Absicht, dem Volk wirklich zu dienen. Man sollte doch glauben, es gehe jetzt wirklich um die Fragen: Wie kann man Arbeitslosigkeit beseitigen?, oder: Wie kann man Alterssicherung betreiben?, oder: Wie kann man Menschen, die 40 Jahre lang gearbeitet haben, einen vernünftigen Lebensabend sichern? Nun kann man streiten über die richtigen Konzepte, aber es wird ja nicht gestritten entlang den Sachfragen, um mit Argumenten die eigene Position zu verbessern oder um gemeinsam neue Erkenntnisse zu gewinnen, sondern es geht immer um Strategien zum Wohle der eigenen Partei. Wer will eigentlich ständig belogen werden, vor allem im Wahlkampf, und hinterher wird nichts besser? Schon im Alten Ägypten, vor rund 4000 Jahren, schrieb einmal jemand: »Es kam ein großer Mann, es kam ein kleiner Mann – geändert hat sich nichts.« Das wusste man im Reich der Pharaonen, und inzwischen weiß man es wahrscheinlich auch in Deutschland. Ich pflege gern zu sagen: »Es heilt nicht die Krankheit, dass man den Patienten, der bisher auf links lag, nach rechts dreht. Man muss sich für seine Krankheit interessieren.« Und die ist unser kapitalistisches Wirtschaftssystem. Struktureller Diebstahl und permanenter Zwang zur Lüge als einer Form von intelligenter Gewalt gehören zusammen wie die linke und rechte Hand beim Beten. Nur: was für einen Götzendienst betreiben wir da eigentlich? Da sind wir wieder bei den ersten zwei Geboten.

9 Das neunte Gebot

Du sollst nicht begehren deines Nächsten Weib.

Herr Drewermann, bei den Zehn Geboten im Buche Exodus, also im
2. Buch Moses, heißt es: »Du sollst nicht begehren deines Nächsten
Haus.« Und es geht gleich weiter: »Du sollst nicht begehren deines
Nächsten Weib, Knecht, Magd, Rind, Esel noch alles, was dein Nächs-
ter hat.« Ist das nun ein Gebot oder sind es zwei Gebote?

Wir haben eine Wahrheit unseren Lesern bisher verschwiegen. Wir
haben so gezählt, als wenn das 2. Gebot in Exodus 20, 4–7 in seinen
zwei Teilen eines wäre. Aber tatsächlich sind sie als zwei Gebote
aufgeführt, und deshalb wären wir eigentlich in der Zählung des 2.
Buches Moses (20, 2-18) jetzt schon beim 10. Gebot. Die normale
Zählung läuft aber so, dass das 2. Gebot in den beiden Teilen zu-
sammengefasst wird, und deshalb ist man in der tradierten Zählung jetzt beim 9. Gebot. Im 5. Buch Moses (5, 6-21) werden die
Zehn Gebote noch mal aufgeführt, und da ist das zweiteilige 2.
Gebot als eines aufzufassen. Dafür wird jetzt aus dem 10. Gebot
eine Zweiteilung, zerlegt in ein 9. und ein 10. Gebot. Um auf die
Zehnzahl der Gebote zu kommen, muss man also entweder das 2.
Gebot zweiteilen, wie im Buche Exodus, oder das 9. Gebot wie im
Buche Deuteronomium. Das alles hört sich kompliziert an, hat
aber einen Hintergrund, der nicht unerheblich ist. Du sollst nicht
begehren, heißt es im 2. Buch Moses (20, 17), deines Nächsten
Haus, noch dessen Weib, Knecht, Magd, Rind und so weiter. Liest
man da richtig? Haus und Weib und Knecht und Rind gehören alle
unterschiedslos zum Besitztum des Herren? Aber genau so ist es
verfügt im Buch Exodus. Man war später – schon in der Tradition
des Alten Testaments – mit dieser Auffassung nicht mehr ganz
glücklich und hat deshalb das Gebot zerlegt. Im 5. Buch Moses

(Deuteronomium) lautet das 9. Gebot so: »Du sollst nicht begehren deines Nächten Weib.« Damit aber wird die Frau vom bloßen Haushaltsinventar unterschieden; sie wird, wenn man so will, von einer Sache zur Person. Und als 10. Gebot heißt es dann: »Du sollst nicht begehren deines Nächsten Haus, Acker, Knecht, Magd, Rind, Esel noch alles, was sein ist.« Man wollte, egal wie, unter allen Umständen die Zehnzahl erreichen, die eine magische Bedeutung besitzt und in der Bibel ein Symbol der Vollkommenheit darstellt.

Wir wissen also jetzt, was es mit der unterschiedlichen Zählung auf sich hat. Wenn wir nun das 9. Gebot in dem Sinne definieren, dass man das Weib des Nächsten nicht begehren soll, so muss man sich doch jetzt fragen, wie es dahin kommen konnte, dass man eine Frau als Eigentum betrachtete.

Mit Blick auf die Kulturgeschichte muss man darauf hinweisen, dass in vielen Gesellschaften die Frau als etwas betrachtet wurde, das man zwischen Familien, zwischen Sippen, unter Umständen auch zwischen Völkern, wie eine Gabe austauschte. Gegen die Frau wurden andere Güter eingetauscht. Ein französischer Ethnologe, Marcel Mauss, hat ein wichtiges Buch geschrieben: *Die Gabe*, erschienen 1925. Darin zeigt er, wie Heiratsversprechungen oft nicht so sehr dem Zweck dienen, zwei Menschen miteinander zu verbinden, als vielmehr die Sippen durch Austausch von Geschenken zusammenzuführen. Das sind Praktiken, die noch in der jüngsten europäischen Kulturgeschichte an den Höfen der Mächtigen gepflegt wurden. Man verheiratete die Österreicherin Marie Antoinette an den Bourbonenhof in Paris und gab sie in die Arme Ludwigs XVI. Sie war noch ein Mädchen, da wurde sie schon verschachert – für die betroffene Person im Einzelfall eine Katastrophe. Aber auf diese Weise sicherte man unter Umständen den Frieden zwischen zwei Machtgruppen. Noch Anfang des 20. Jahrhunderts standen viele Höfe in verwandtschaftlichen Beziehungen zueinander, so zum Beispiel Kaiser Wilhelm II. mit England und mit Russland. Unter diesem politischen Aspekt war die Frau eine »Gabe«, die der Etablierung und dem Erhalt von Herrschaft diente, möglicherweise auch dem Erhalt des Friedens. Wichtig wäre jetzt aber, dass überhaupt alle Männer anhand der Neueinteilung des 9. Gebots erkennen würden, dass die Frau niemals ein Eigentum ist. Und wer in diesem Sinne einen Besitzanspruch erhebt, der versündigt sich an einem Menschen und vor Gott.

Der hebräische Begriff ist in der deutschen Übersetzung mit »Weib« wiedergegeben, so schon bei Luther. Es heißt aber das Weib, ist also ein Neutrum, so wie ein materielles Gut. Könnte das ein Indiz dafür sein, wie man lange Zeit die Frau auch im Germanischen angesehen hat?

Ich weiß nicht, ob man so weit gehen kann, verbale grammatikalische Geschlechtszugehörigkeiten mit Inhalten zu identifizieren. Tatsache ist aber, dass man noch um 1900 oft von der Frau als dem »Weib« sprach, so zum Beispiel Sigmund Freud. Freilich unterstellte man auch ihm, er habe eine gewisse patriarchale Frauenfeindlichkeit gepflegt. Das steht dahin. Sicher ist, dass das Wort »Weib« im 20. Jahrhundert ganz aus der Mode gekommen ist und dass es dann einfach zu einem Schimpfwort wurde. Bei Luther ist »Weib« in keiner Weise negativ gemeint. Wörter ändern sich im Lauf der Zeiten oft, nehmen neue Bedeutungen an. Wir brauchen nur daran zu denken, dass wir gewöhnlich einen Mann anreden mit »sehr geehrter Herr …«, aber kein Mensch stellt sich dabei diesen Mann als einen Herren vor, der ihm etwas zu sagen hätte. Das Wort Herrin hat sich übrigens in der Art nicht eingebürgert für eine Frau, obwohl in der Minnesangliteratur die *hôhe vrouwe* – die hohe Frau, die Herrin, ein eigener Begriff gewesen ist.

Im Christentum galt die Frau schon sehr frühzeitig als die große Verführerin, die den Mann – vielleicht die ganze Menschheit – ins Unglück gestürzt hat. Ist es da nicht interessant, dass sich in dem Maße, wie im Verlaufe des Mittelalters die Gottesmutter Maria immer mehr

zu einer »hohen Frau« wird, sich gleichzeitig in der Kirche eine Ab-
wertung der Frau vollzieht?

So ist es. Man hat die Frau identifiziert mit der Sexualität, als Objekt der männlichen versuchbaren Sinnlichkeit, und man hat vor
allem die Geschichte vom Sündenfall in Genesis 3, 1-7 als eine solche Verführung des Mannes durch die Frau zur Sexualität interpretiert. Das läuft hinaus auf ein großes Missverständnis, von dem ich
fürchte, dass vor allem feministische Theologinnen immer noch
dort ihre Munition sammeln, wo es gar keine gibt. Im 3. Kapitel der
Genesis nämlich sündigen die Menschen nicht durch Sexualität –
das ist überhaupt kein Motiv –, sie sündigen durch Angst. Die Geschichte geht so: Die Schlange erläutert der Frau, dass Gott alles
verboten habe. Das aber hat er nicht. Die Frau nimmt Gott in
Schutz vor der Unterstellung der Schlange. Er hat uns alles freige-
geben, sagt sie, nur von dem einen Baum hat Gott gesagt: Rührt
nicht daran! Das wiederum hat Gott so nicht gesagt, das macht die
Frau aus dem Gebot Gottes, und in ihrer Angst wird der ganze
Garten Eden jetzt ein Spiegelkabinett von Projektionen aus
Wunsch und Unterdrückung. Wie hypnotisch gezogen sündigen
am Ende die Menschen. Die Schlange hat Eva erklärt: Gott weiß
selber, dass ihr nicht sterben werdet, Gott hat Angst vor *euch* und
ihr könnt die Angst lösen, indem ihr Macht erringt, um sehend zu
werden wie Gott, wissend um Gut und Böse. Das Ergebnis im
Sinne des Autors, der diese Texte verfasst oder zusammengestellt
hat, läuft nun in Genesis 3, 16 auf etwas sehr Eigenartiges hinaus.
Es heißt da, dass der Mann herrschen solle über seine Frau. Was
wir heute Patriarchalismus nennen, ist hier eine der ersten Formen
der Strafe Gottes über die aus Angst schuldig gewordenen Menschen. Das heißt: Aus der Liebe und dem gleichberechtigten Zusammenleben wird ein Herrschaftsverhältnis. Dass die Frau den
Mann in Versuchung geführt hat, ist nicht die Wahrnehmung der
Bibel, erst die Kirchenväter unterlegten später dem ganzen Prozess
sexuelle Bedeutungen, und so wurde vor allem im 19. Jahrhundert

in dem Konzept vom »Geschlechterkampf« die Frau identifiziert mit Sinnlichkeit und Endlichkeit, der Mann hingegen mit Geistigkeit und Unendlichkeit.

Wir sind jetzt ganz unvermittelt wieder im 19. Jahrhundert gelandet. Ich möchte aber noch auf den Apostel Paulus kommen, der in Bezug auf Stellung und Ansehen der Frau großen Einfluss ausgeübt hat. In dem 1. Brief an Timotheus redet Paulus davon, dass eine Frau sich unterordnen müsse und dass sie zu schweigen habe in der Gemeinde.

Ich weiß, dass man gerne an Paulus eine Reihe von Zitaten festmacht, die frauenfeindlich klingen, und es ist ja auch so. Die Frau hat bis heute in der katholischen Kirche nicht wirklich etwas zu sagen. Sie ist Putzfrau, Kinderbetreuerin, vielleicht Küsterin; sie verrichtet Hilfsdienste. Aber diejenigen, die die Kirchen füllen – die Frauen –, sind zugleich diejenigen, die von der klerikalen Männerherrschaft vollkommen in Schach gehalten werden – bis zu Verfügungen in die Intimsphäre hinein, von denen wir schon beim 6. Gebot gesprochen haben. Die Frage ist wirklich, warum sich die Frauen das immer noch bieten lassen, vor allem in der katholischen Kirche; warum sie gehorsam sind unverheirateten Männern, deren Ödipuskomplex eine Resonanz findet im Unglück von Frauen. Allerdings müssen wir auch sagen, dass mit der Abwertung der Frau und ihrer Verleumdung als eines bloßen Triebwesens zugleich die Männer abgewertet werden. Sie sind versuchbar, und sie sind schwach, soll man denken; sie brauchen nur eine bestimmte Frau zu sehen, und sie sind gleich bereit zum Ehebruch. Sie sind überhaupt nicht die Herren, weder über sich selber noch über die Frauen. Sie sind manipulierbar, und es genügt, dass eine Frau sich ein bisschen anders anzieht, und sie kann die Männer völlig schachmatt setzen – mit den Waffen einer Frau. Die Abwertung der Frau – man kann das nicht klar genug sagen – ist immer auch eine Abwertung der Männer.

Ich komme noch mal zurück auf all die Störfälle, die in einer

Ehe möglich sind und die psychoanalytisch offenbar werden. Ein Mann liebt eine Frau, aber er sieht in ihr die Mutter, von der er sich schwertat loszukommen. Wann sieht er überhaupt seine Frau als eigenständige Person, unverfälscht von den Projektionen seiner eigenen Bedürftigkeit? In Genesis 2, 24 heißt es: »Ein Mann wird Vater und Mutter verlassen, um seiner Frau anzuhangen.« Und ein Vers weiter: »Sie waren beide nackt und schämten sich nicht.« Ein Mann findet seine Frau überhaupt erst, wenn er innerlich – seelisch – Abschied nimmt von den Bildern, die er in Vater und Mutter verinnerlicht hat, wenn er sich freisetzt und aufhört, der Sohn seiner Eltern zu sein. Dann erst ist er als Mensch zur Partnerschaft imstande, und erst dann ist er als Mann von dem Wahn befreit, dass er aus Angst vor der Frau Herrschaft gegen sie ausüben müsse. Es genügt für ihn zu lieben – und umgekehrt gilt das für die Frau genauso.

Das 9. Gebot ist offenbar nur an den Mann gerichtet, was plausibel wird aus der archaischen Vorstellung von Besitz und Eigentum. Wie wäre es, wenn wir den Wortlaut des Gebotes einmal umdrehen, also: »Du sollst nicht begehren deiner Nächsten Ehemann.«

In beiden Versionen – also in der überkommenen wie in der, die Sie gerade formuliert haben –, geht es darum, dass beide – Mann wie Frau – lernen müssen, dass sie niemandes Eigentum sind. Im Sinne einer symmetrischen Wechselbeziehung des Gebots muss es heißen: Begehre du niemanden! Versuche, in Liebe und Zuwendung eine andere Person zum Blühen zu bringen! Das galt ja schon im 4. Gebot: Eltern werden wünschen, dass »ihre« Kinder heranwachsen wie Blumen unter dem Sonnenschein. Sie haben das große Glück, was sich unter ihren Augen entfaltet, begleiten zu dürfen. Doch die Frage lautet generell an uns: Wie kommen wir dahin, dass ein Mensch so zu lieben lernt, dass er aufhört, den anderen in Besitz nehmen zu wollen?

Du sollst nicht begehren deines Nächsten Weib – oder deiner

Nächsten Mann – läuft im Grunde darauf hinaus zu lernen, wie man einander liebt, ohne Besitzansprüche anzumelden; die Soziologie der 1960er Jahre hätte gesagt: ohne *posessiv* zu werden, bezogen auf eine Gesellschaft, die dauernd Eigentumsverhältnisse festschreibt. Wenn erst einmal ein Mensch in der Liebe aufblüht zu seinem eigentlichen Selbst und seine Seele öffnet, erlebt man etwas Wunderbares. Sich zu verlieben ist eine außerordentlich sensible und energieverschleißende Arbeit, die sich indessen lohnt im Umgang mit sich selber und mit dem anderen. Dann mag und muß man sehen, wie weit die Liebe trägt.

10 Das zehnte Gebot

Du sollst nicht begehren deines Nächsten Haus,
Acker, Knecht, Magd, Rind, Esel noch alles, was
sein ist.

Herr Drewermann, ausgestattet mit dem Wissen, das wir uns mit Ihrer Hilfe über die unterschiedliche Zählweise erworben haben, formulieren wir jetzt das 10. Gebot nach dem Text im 5. Buch Moses. Dort heißt es im 5. Kapitel, dass man nicht begehren soll des Nächsten Haus, Acker, Knecht, Magd, Rind, Esel noch alles, was sein ist. Auffallend ist für mich dabei die Reihenfolge: Haus und Acker rangieren vor Knecht und Magd.

Es geht hier um die Verschiebung von Besitzgrenzen, und *nicht Begehren* heißt hier so viel wie den anderen nicht von dessen Haus und Hof zu vertreiben, ihm nicht seine Lebensgrundlage zu entziehen. Wenn jemand seine Zahlungsfähigkeit verliert, dann muss er Haus und Hof verkaufen, dann wird er selber zum Sklaven. Ursprünglich bezog sich das auch auf die eigene Frau, auch die wurde dann Sklavin. *Begehren* bedeutet in diesem Zusammenhang eigentlich so viel wie »feindlich übernehmen«, wie es in der heutigen Wirtschaftssprache heißen würde. Man treibt einen anderen in den Konkurs, damit er sich ausliefert. Dergleichen wird nicht geduldet im mosaischen Gesetz. Was wir mit hinzunehmen müssen, ist das Verbot der Zinsnahme im Alten Testament. Es gibt Wirtschaftstheoretiker, die glauben, dass das Judentum überhaupt als Volk nur überlebt hat – durch all die Hochkulturen der Antike hindurch –, weil es den Zins verboten hat, zumindest die Zinsnahme von eigenen Stammesangehörigen. Riesige Reiche – die Assyrer, Babylonier, Perser, Römer – haben Kriege geführt, nur um sich zu bereichern. Das Römische Reich war zu Ende, als es Ägypten leer geplündert hatte; es war das letzte Mal, dass man Kasse machen konnte, indem man sich des Goldreichtums der Pharaonen bediente. Irgendwann jedoch musste die Schuldenpolitik kollabieren an den sozialen Spannungen, an der permanenten Ausbeutung der Leute, die immer ärmer wurden und verbluteten unter dem Konkurrenzkampf der Reichen.

Wenn ich meine, dass die Reichen in einem solchen Wirtschaftssystem im Grunde arme Schweine sind, gibt es dafür ein gutes Beispiel im antiken Rom: Crassus. Der war im 1. Jahrhundert v. Chr. der reichste Mann Roms. Er hatte angefangen, eine Art Feuerwehr aufzubauen, indem er selber die Brände legte, die es dann zu löschen galt. Er spielte Polizei für kriminelle Handlungen, die er selber initiierte. Crassus war der Mann, der immer mehr Schuldtitel verschrieb und sich bereicherte an den Zinsen, die gar nicht hoch genug liegen konnten. Am Ende aber kam es unvermeidlich dazu, dass – als die Schuldner zahlungsunfähig geworden waren – er selbst in die Pleite geriet. Das war der Grund, weshalb er einen Krieg gegen die Parther führte, bei dem er getötet wurde. Armer Crassus! Man kann im kapitalistischen Wirtschaftssystem durch Schulden, die man anderen auferlegt, immer reicher werden und wird am Ende erleben, dass beim Kollaps des Gesamtsystems man umso tiefer fallen wird. Dagegen richtet sich das mosaische Gesetz im 5. Buch Moses (23, 20) mit der wunderbaren Verordnung des Zinsverbotes. Man sieht: Das ganze Werk des Dekalogs ist im Grunde eine Grenzbeschreibung zum Schutz des Lebens. Man kann mit Verboten nicht das Leben organisieren, man kann damit aber bestimmte Störstellen vermeiden, auch wenn das nur begrenzt möglich ist.

Um das Gemeinte mal auf heute zu übertragen: Wir sehen, dass eine Firma eine andere in den Konkurs treibt, oft nur, um aus dem Wiederverkauf der feindlich übernommenen Firma Kapital zu machen. Man treibt den anderen in eine Schuldenfalle, aus der er nicht mehr herauskommt. Das ist alles gegen das 10. Gebot, das infolge dieser Logik alles aufzählt: sein Haus, Grund und Boden und diejenigen, mit denen Haus und Hof zu bestellen war – Knechte und Mägde und das Vieh, das zu seinem Besitzstand gehörte.

Und in der Verlängerung in die moderne Gesellschaft hinein könnte
man zum Beispiel noch anfügen: sein Ferienhaus und sein Privatauto
und sein Aktienpaket. Ein Staat ja auch, der als permanenter Repa-
raturbetrieb des kapitalistischen Wirtschaftssystems auftritt oder sich
jedenfalls in diesem Sinne missbrauchen lässt.

Man hat unsere gesamte staatliche Macht seit dem ersten Drittel
des 19. Jahrhunderts in den Verdacht gesetzt, dass der Staat im
Grunde nur die Interessen des Kapitals vertritt. *Staatsmonopolisti-*
scher Kapitalismus hieß diese Theorie in dem Sinne, dass es sich der
Staat zur Aufgabe setzte, den Kapitalismus in Gang zu halten.

Ein Konflikt beziehungsweise eine tiefe Übereinstimmung ist an
dieser Stelle übrigens erneut mit dem islamischen Gesetzesver-
ständnis gegeben. Der Islam – ganz entsprechend der biblischen
Tradition – weigert sich, Banken zu installieren, die auf Zinswirt-
schaft fußen. Zumindest ist das bei der Koran-Auslegung ein Problem: Wie weit darf der Islam sich der westlichen kapitalistischen
Gesellschaft angleichen? Darf er es zulassen, Zins zu nehmen?
Nach der Bibel und nach dem Koran ist die Zinsnahme unter Verbot gestellt. Der Sinn dieses Verbotes ist klar: Wenn ich den anderen nicht mehr in den Schuldturm treiben kann, habe ich keine
Aussicht, ihm seinen Besitz wegzunehmen.

Ich habe vor einer Weile mit einem Bauern gesprochen. Der saß
auf einem Hof, den er in Erbschaft von vielen Generationen übernommen hatte. Er klagte darüber, dass die Bank kommen und ihm
alles wegnehmen werde. Die Bank nämlich wollte ihr Gelände ar-
rondieren und hatte mit dem Land, das ihr dann zuwächst, ein großes Projekt vor. Doch da war dieser Bauer ihr im Wege. Wenn man
ihm keinen Kredit mehr gibt – mehr muss man eigentlich nicht
tun –, ist er pleite. Alles schien ganz einfach. Der Bauer hat schließlich einen Weg aus der Misere herausgefunden: Er ließ seine Fami-
lienangehörigen bei der Versteigerung des eigenen Hofes aufmar-
schieren, was die Bank nicht wusste. Und die haben dann bei der
Versteigerung den Hof der Bank wieder weggenommen.

Mein Problem ist, dass in unserer Gesellschaftsordnung immer nur von Wachstum gesprochen wird und nicht von Gerechtigkeit, von Nachfrage und nicht von wirklichen Bedürfnissen, dass es als ganz legale Geschäftspraktik angesehen wird, wenn Unternehmen durch andere übernommen und dann ausgeplündert werden, ohne jede Rücksicht auf die Menschen, die dadurch ihre Arbeit verlieren. Das alles gilt nicht als Diebstahl, wird nicht als Verstoß gegen das 10. oder gegen das 7. Gebot empfunden. In Tagen, da das Christentum noch wusste, was es selber wert war, trat es auf im Protest gegenüber dem römischen Staat. Ich zitiere mal einen Kirchenvater, den kaum jemand kennt, den aber kennen zu lernen interessant wäre, Zeno von Verona, gestorben im Jahre 371. Er schreibt in seinem Traktat »Die Gerechtigkeit« das Folgende: »Tagtäglich geht man mit den Tränen des Nebenmenschen auf Gewinn aus. Die Einziehung seiner Güter wird als geschäftliche Tüchtigkeit erklärt. Und die Aneignung fremden Eigentums wird unter dem Vorwand der Wahrung eigener Interessen und der Wirtschaftlichkeit mit den pfiffigsten Beweisgründen betrieben, so dass derjenige, der keinen Verteidiger hat oder harmloser Natur ist, seines Eigentums aufgrund von gesetzlichen Bestimmungen verlustig geht. Und das ist schlimmer als jeder Gewaltakt, denn das, was mit Gewalt genommen wird, kann man zuweilen wieder zurückbekommen. Aber was aufgrund von Anwendung von Gesetzesbestimmungen genommen wird niemals mehr. Wer es will, mag sich solcher Gerechtigkeit rühmen, aber er soll es wissen, dass der Mensch, der sich mit der Armut des Nebenmenschen bereichert, ärmer ist als der Arme selbst.«

Eben deswegen nenne ich die Leute da oben »arme Schweine«, mit Berufung auf den Kirchenvater Zeno von Verona, 4. Jahrhundert. Wie dick eigentlich muss die Verdrängungsdecke werden, die unsere Wirtschaftsphilosophen auflegen, damit wir das kapitalistische System zur Realität erklären und jede Alternative als blauäugig, phantastisch, utopisch, kindisch oder was wir wollen – als irreal auf jeden Fall verwerfen sollen? Wieso kommt es dahin, dass die Mächtigen und die Reichen überhaupt diktieren, was wir für Realität zu halten haben? Geld verliert augenblicklich seine Macht für diejenigen, die aufhören, daran zu glauben. Da aber wären wir schon wieder beim 2. Gebot: Wir sollen den Namen Gottes nicht missbrauchen, heißt: wir sollen nicht das Geld als unseren Gott auf Erden einführen.

Wie ist denn das Bibelwort zu verstehen, das wir im Markus-Evangelium lesen. Jesus sagt da zu seinen Jüngern: »Eher geht ein Kamel durch ein Nadelöhr, als dass ein Reicher in das Reich Gottes kommt.«

Es gibt zwei wunderbare Worte Jesu, die zur Veränderung unserer Wirtschaftswelt tauglich sind und von denen alle Politiker natürlich meinen, dass damit ja nicht zu regieren sei. Man höre nur, wie derzeit ständig von der »Eigenverantwortung« geredet wird, – man müsse sich zum Beispiel schon selbst um die Altersvorsorge kümmern. Und dann schlägt man Matthäus 6 auf, die »Bergpredigt«, wo Jesus sagt: »Kümmert euch nicht um den morgigen Tag. Der Tag heute ist schon schwer genug. Schaut die Vögel des Himmels: Sie säen nicht, sie ernten nicht, sie treffen keine Vorsorge, und euer himmlischer Vater ernährt sie doch.« Jesus will gewiss nicht bestreiten, dass viele Vögel im Winter umkommen, dass es reale Not gibt und dass viele Menschen wirtschaftlich alles andere als gut gestellt sind. Er möchte aber, dass wir aufhören, die Daseinsvorsorge im materiellen Sinne für den Inhalt unseres Lebens zu nehmen. Es gibt wirklich Wichtigeres. Schauen wir uns nur den Betrug an, den man mit Menschen veranstaltet. Man erklärt ihnen: Du musst arbeiten, fleißig sein, bis mindestens 65 oder neuerdings bis 67. Aber dann, wenn du in Rente gehst, dann beginnst du richtig zu leben. Bis dahin stehlen wir dir dein ganzes berufliches Leben. Wir nehmen dir das Verfügungsrecht über 40 Lebensjahre weg, denn du musst den Industriestandort Deutschland sichern, du musst das Bruttosozialprodukt vermehren, du musst verfügbar sein als Schmiermasse für das Kapital. Erst wenn du 40 oder mehr Jahre unter Zwang abgedient hast, dann beginnt deine Freiheit. – Mir scheint, dass der Betrug spätestens dann erkennbar wird, wenn man plötzlich merkt, dass man ein Recht hat, glücklich zu sein, aber überhaupt nicht weiß, was das ist, weil man es nie gelernt hat. Man verdriftet die Leute als Senioren auf einem Kreuzfahrtschiff und zeigt ihnen irgendwelche Gestade am Mittelmeer. Sie haben aber keine Ahnung, was es bedeutet, als Menschen frei zu leben, wirkliche Interessen zu entfalten, aus der Begegnung verschiedener Kulturen etwas zu lernen, sich zu interessieren für die Archäologie auf Zypern oder für die Geschichte des antiken Griechenland. Sie sehen alles wie auf Postkarten, für die ihre Augen längst blind geworden sind. Es gibt ein wunderbares – trauriges – altägyptisches Sprichwort: »Was nutzt mir ein Glück, das so spät am Abend kommt, dass man es im Dunkeln nicht mehr sieht.« Ich kenne so viele Leute, die verbittert sind, die nie zum Leben gekommen sind. Und jetzt sind sie alt, jetzt haben sie die Gicht oder andere Beschwerden. Vielleicht haben sie eine Tochter, die sich aber zu wenig um sie kümmert, oder einen Sohn, der undankbar ist. Dabei haben sie doch alles getan – und nun ist alles nichts. Es ist wichtig, dass man *heute* lernt, richtig zu leben; morgen kann es dafür zu spät sein. Das meint Jesus.

Und dann gibt es im 10. Kapitel des Markus-Evangeliums die Begegnung mit dem reichen Jüngling. Wie erlöst man die Reichen von ihrem Reichtum? Jesus schlägt dem Jüngling allen Ernstes vor, er solle *alles*, was er hat, den Armen geben, damit er innerlich frei werde. Und der reiche Jüngling, so lesen wir weiter, »ging traurig davon, denn er hatte viele Güter«. Jesus hat sehr viel Mitgefühl mit dem Jüngling. Im Sinne aller Gesetze hat sich dieser reiche Jüngling korrekt verhalten. Man muss denken, er hat seinen Reichtum wirklich nicht durch unsaubere Machenschaften erworben. Er war im Sinne des mosaischen Gesetzes durch Erwerbsfleiß erfolgreich, und so sagt er von sich: »Alle Gesetze habe ich gehalten von Jugend auf.« Aber Jesus sagt: »Die Sache geht trotzdem nicht in Ordnung. Solange Menschen arm sind, gibt es kein Glück im Wohlstand.

Wenn du abgibst, verlierst du nicht dabei, du wirst nur menschlicher, glücklicher!« Da die Jünger über das, was sie sehen und hören, sehr erschrocken sind, sagt Jesus zu ihnen das Wort, das Sie zitieren »Eher geht ein Kamel durch ein Nadelöhr als ein Reicher in das Himmelreich.« Und die Jünger sagen: »Wer kann denn dann gerettet werden?« Die Antwort Jesu lautet: »Bei Menschen unmöglich, doch nicht bei Gott.«

In dem Roman Krebsstation *von Alexander Solschenizyn, erschienen 1968, gibt es ein Gespräch, in dem es um die Frage geht, wovon der Mensch letztlich lebt.*

Das ist ein wunderbares zusammenfassendes Gleichnis auf alles, wovon wir gesprochen haben. Alle Menschen, die in Solschenizyns Roman in der Krebsstation sind, wissen, dass die Krankheit, die sie in sich tragen, zum Tode führt. Da aber ist einer, Jefrem, der seine Zimmernachbarn fragt: »Wovon lebst du?« Er hat eine Novelle von Leo Tolstoi in der Hand: *Wovon die Menschen leben.* Einer antwortet – in etwas freier Wiedergabe –: »Von Brot und Wodka, du Idiot!« Das hätte Jefrem früher auch gesagt, aber mit dem Krebs im Leib nützt ihm das nichts mehr. Ein anderer sagt: »Von der Partei.« Ein linientreuer Schwächling, den Jefrem anknurrt: »Du Doofmann!« Ein Dritter ist ein Physiker und möchte gern noch ein Radio-Isotop im Ural entdecken. Das könnte Jefrem verstehen, aber er ist kein Atomphysiker. Bei Tolstoi steht: »Die Menschen leben von der Liebe.« Und das ist sogar ganz wörtlich so. Die Ärzte haben gesagt: »Wenn Birkenschwämme auf deinen Hals gelegt würden, könnte der Krebs zumindest beruhigt werden.« Wenn Jefrems Frau Akulina Birkenschwämme für ihn sammeln und ihm schicken würde, wäre der Krebs vielleicht zu besiegen. Aber Akulina wird den Scheuerlappen nach ihm werfen, so hat er sie behandelt, so lieblos. Und jetzt ist die Lieblosigkeit sein Todesurteil. »Die Menschen leben von der Liebe«; das ist vollkommen wahr. Und auch der reiche Jüngling im Neuen Testament müsste es für sich erkennen. Alle

Menschen leben von der Liebe. Eine kleine Krankheit indessen genügt schon, um zu merken, dass es so ist. Ein kleiner Unfall auf der Autobahn genügt, um zu wissen, dass es stimmt. Ein kleiner Fehler, der unterlaufen kann, aber vielleicht furchtbare Folgen hat, lässt uns wissen, dass wir in jedem Falle von Vergebung leben und nicht von Rechthaberei.

Ich möchte zum Schluss noch mal auf die grammatikalische Form der Zehn Gebote zu sprechen kommen. Sie richten sich in ihrer Befehlsform an Männer, und man könnte den Eindruck bekommen, die Frau sei gar nicht existent.

Ja, man kann in den semitischen Sprachen stets unterscheiden, ob man mit einer Frau redet oder mit einem Mann, ob eine Frau etwas tut oder ein Mann, und so zeigt die Sprache des Dekalogs eindeutig, dass er an Männer gerichtet ist. Der Grund dafür ist einfach und entspricht dem, was wir gesagt haben: In der mosaischen Vorstellung ist die Frau noch kein eigenständiges Rechtssubjekt. Sie wird sozusagen mitverfügt, und das entspricht dem Denken patriarchalischen Stils. Wir haben die ganze Zeit darauf hingearbeitet, dass die Gebote des Gottes vom Sinai sich vermenschlichen, und wir haben überlegt, wie man gesellschaftliche Strukturen dahin bringen kann, dass sie eine Vermenschlichung möglich machen. Man kann in gewissem Sinne das Bemühen Jesu im Neuen Testament dahin interpretieren, wie Erich Fromm es einmal getan hat, dass Jesus versucht habe, eine patriarchale Religion in ein Matriarchat zu überführen. Der Unterschied zwischen beiden liegt womöglich darin, dass Männer geneigt sind, jemanden anzuerkennen aufgrund dessen, was er tut, aufgrund seiner Leistung, aufgrund seiner objektiven Verhaltensweisen. Was für ein Mensch dahinter steht, ist gewissermaßen Nebensache. Frauen sind da anders. Sie ziehen ein Kind groß, und die Frage heißt für sie: Wer ist mein Junge – oder mein Mädchen – als Person? Ob wir uns primär für die Außenseite einer Person interessieren oder für den

178

Menschen, der dahinter steht, mag sich vereinfacht – typisiert und polarisiert – ausdrücken in den beiden Richtungstendenzen einer so genannten patriarchalen oder matriarchalen Gesellschaft.

In diesem Sinne könnte man auch sagen: Wir haben versucht, die patriarchalen Zehn Gebote umzuinterpretieren in eine matriarchale Lebensform hinein. Wir haben dazu die Psychologie und die Psychotherapie aufgeboten; vor allem den Mann aus Nazareth haben wir als Interpreten herangezogen, damit das möglicherweise giftige Wasser in den Menschheitsströmen nicht bakteriengefährlich tödliche Krankheiten bringt und damit der latente Irrsinn und die manifeste Unmenschlichkeit altorientalischer Texte nicht länger Schaden anrichten. Damit gewinnen wir vor allem zugleich ein neues Gottesbild: ein Gott, der redet im Herzen der Menschen in einer leisen und sanften Sprache, nicht mehr einschüchternd, aber verbindlich dadurch, dass er die Sprache der Liebe spricht. Methodisch galt es, die historischen Bedingtheiten des Textes ins Symbolisch-wesenhafte zu übertragen, den moralischen Forderungscharakter der Gebote mit der Frage nach den psychischen Voraussetzungen ihrer Erfüllbarkeit zu verbinden und die Externalität einer patriarchalen Religionsform im Sinne des Mannes aus Nazareth in eine Sprache zu übersetzen, deren primäres Ziel nicht der Etablierung einer kollektiven Ordnung gilt, sondern der Heilwerdung des Lebens jedes Einzelnen, und dies vor dem Hintergrund, dass sich das menschliche Bewusstsein selbst dem langen Strom seiner Herkunft aus der Tierreihe verdankt.